# VIVOS Y JUNTOS

## Magaly López

© 2024, Magaly López

ISBN: 9798333430106

Todos los derechos reservados. Esta publicación no puede ser reproducida, distribuida o transmitida en ninguna forma ni en ningún medio, incluyendo fotocopia, grabación u otros métodos electrónicos o mecánicos, sin la previa autorización por escrito del autor, excepto en el caso de citas breves en comentarios críticos y otros usos no comerciales permitidos por la ley de derechos de autor.

www.alexlib.com

A Jean-François Fogel, que me animó muchas veces a escribir mis vivencias, y a mi hijo John, a quien tanto amo.

Agradecimientos

A mis hermanos María, Gabriel y Pedro, y a mi sobrina Wendy que, siendo bebé, junto a ellos, vivió la odisea de escapar del castro-comunismo.

Al Rev. Mario Félix Lleonart, de quien nunca me faltó el ánimo para escribir

A Mildrey Betancourt, en las correcciones de la escritura

A mi mamá y a mi padre por inculcarme el amor a mi isla

A las cuentas en X @cubaortografia y @camaguey1514 por ofrecer datos esclarecedores sobre la tragedia cubana

A Paul Díaz, que ha colaborado conmigo apoyando la causa de la democracia en Cuba.

# ÍNDICE

INTRODUCCIÓN · · · · · · · · · · · · · · · · · · · · · · · 11

SAGUA "LA MÁXIMA" · · · · · · · · · · · · · · · · · · · · · 17

DESPIDIENDO A LOS REYES MAGOS · · · · · · · · · · · · · · ·40

EL COMIENZO DE LA ESTAMPIDA · · · · · · · · · · · · 43

UNA ODISEA ESCAPAR DEL PARAÍSO· · · · · · · · · · · 52

LA OCUPACIÓN RUSA Y LA CRISIS DE OCTUBRE· · · · · · · · · · · 54

MI PADRE SE QUEDA CON NOSOTROS · · · · · · · · · · · 57

LLEGADA DEL RACIONAMIENTO · · · · · · · · · · · · · · · ·59

MI PADRE RUMBO AL NORTE Y EL RESTO A LA CAPITAL · · · ·75

MI PADRE NO NOS HABÍA OLVIDADO · · · · · · · · · · · 87

LA PRISIÓN INJUSTA· · · · · · · · · · · · · · · · · · · · 91

MI HERMANO EN LA PRISIÓN GRANDE· · · · · · · · · · · · · 98

EL AMOR CON SUS DETALLES · · · · · · · · · · · · · · · 105

LLEGANDO AL EXILIO· · · · · · · · · · · · · · · · · · · · · · ·109

SE REAVIVA LA ESPERANZA DE LIBERTAD· · · · · · · · 116

EL ALZHEIMER Y MI PADRE· · · · · · · · · · · · · · · 122

LA VIDA CONTINUA CON UN NUEVO INCENTIVO · · · 129

JF PARTIÓ · · · · · · · · · · · · · · · · · · · · · · · · 130

# INTRODUCCIÓN

Algunos comentarios sobre la historia de una debacle apocalíptica.

Antes de compartir con ustedes algunas vivencias que marcaron mi vida en mi Cuba, quisiera exponerles algunos elementos que pienso serían convenientes sobre todo para los que no hayan vivido bajo la égida comunista— para entender el medioambiente ideológico, político y económico en que ha vivido el pueblo cubano desde la llegada al poder en 1959 de los entonces universalmente admirados barbudos.

Quizás el efecto más devastador de estos últimos sesenta y cuatro años del sistema totalitarista implantado en Cuba sea la total anulación del valor único, personal e intransferible de cada ser humano, para conceptualizarlo dentro de un mar colectivo de pensamiento unitario, anulando las individualidades, muy conveniente para crear una mayoritaria masa crítica de creyentes en la obra de la Revolución. Para ello, hay que empezar por la anulación de la capacidad crítica, más exacto, de la capacidad analítica de ese ser humano.

¿Y cómo se logra esa anulación? Hay un método infalible: ser el único proveedor de las necesidades básicas, materiales e inmateriales para la subsistencia, y reducir en cuotas muy bajas el ofrecimiento de esas necesidades vitales.

El estado se convierte en un órgano poderoso y omnipotente, que decide qué puedes comer; cómo educar a tus hijos; qué tipo de educación espiritual e ideológica es conveniente para luchar contra el capitalismo y su fase superior, el Imperialismo; qué libros puedes leer; qué música debes escuchar; cómo debes comportarte para estar entre los confiables, más preciso, para ser considerado un revolucionario, y no un desviado ideológico y el eslabón superior: un contrarrevolucionario incorregible.

El estado te protege. Sin él, estás desamparado. Omnipresente y omnisciente. No hay nada fuera de él. El Duce, Benito Mussolini, lo decía: "Con el estado todo, fuera del estado nada". Asi está diseñado el régimen totalitario cubano, para que todo dependa y lo controle el estado.

Es un pacto entre dos partes bien definidas. El gobierno se ocupa de variados aspectos como único maestro de ceremonias, y el pueblo, agradecido, acepta limitaciones de todo tipo en derechos humanos fundamentales, como la libertad de expresión, la libertad de reunión, la libertad de viajar libremente —recuerden la famosa tarjeta blanca que era el permiso del gobierno para poder viajar—, la libertad de prensa y lo más increíble, norma de manera miserable qué comer y en qué cantidades.

Una de las aberraciones postapocalípticas más desconcertantes es la humillante libreta de abastecimientos, síntesis de la inoperatividad de un sistema.

El régimen cubano es sumamente experto en evitar cualquier tipo de independencia económica, pues preisamente esa independencia alejaría a sus súbditos de su órbita totalitaria. Y si ha hecho localizadas, controladas y desde todo punto de vista insuficientes, algunas aperturas económicas para liberar un tanto las fuerzas productivas, no han bastado para revertir la situación agónica de la economía cubana.

El gobierno cubano es un ultra deficiente administrador y, por otro lado, tiene un miedo feroz a la liberación total de las fuerzas productivas.

Gran parte de esa apertura se ha efectuado en el sector de la hostelería y el transporte. Pero el sector de los servicios, aun siendo de vital importancia en otras economías, en Cuba no genera los bienes materiales suficientes para invertir en el desarrollo.

Lo que queda disponible, como superávit, hay que repartirlo entre la cúpula gubernamental, el ejército y los órganos represivos.

Hipotéticamente, no pudiera existir un Elon Musk en Cuba. Para que esa posibilidad ultra infinitesimal pudiera ocurrir, tendría que unirse en palabras inolvidables del más grande de los cubanos el mar del Norte con el Mar del Sur, y nacer una serpiente de un nido de águila.

El aplanamiento del pensamiento fue llevado a cabo a partir de una activa propaganda política, de una presencia abrumadora en cada acto de la vida diaria, y lo más importante: la creación de un miedo colectivo donde todos nos sentíamos vigilados y juzgados con base en un principio de solo dos posibilidades, un principio binario, sin tonos de grises o graduaciones comportamentales: o estabas con la Revolución en todo, o estabas contra la Revolución. Ese principio fue teóricamente descrito por el Supremo Líder, años más tarde, en un Congreso de escritores, refiriéndose a la libertad de expresión: Dentro de la Revolución todo, contra la Revolución nada.

Es decir, los amos, porque de eso se trata, exigen una relación de subordinación total de la persona hacia la cúpula dirigente.

La lobotización es tan profunda, que nuestro pueblo estalla de emoción cuando le dan un pollo adicional por familia —casi siempre proveniente del país que los gobernantes dicen que nos bloquea y mata de hambre, o una libra de chícharo o de arroz, o algún otro mendrugo que lanzan desfachatadamente a los pies de un pueblo enfermo, que depende por completo de los dueños absolutos y administradores muy deficientes y corruptos de un negocio grande y fructífero a sus fines de enriquecimiento y pecado de gula por el poder: la nación cubana.

Los máximos dirigentes cubanos una y otra vez repiten que en Cuba no hay terapia de choque.

¿No es terapia de choque que el salario mínimo promedio en Cuba es de 2,100 pesos cubanos, mientras el famoso cartón de huevos (30) oscila por encima de los 3,000 pesos cubanos? Es decir, solo podrían comprarse 20 huevos.

¿No son terapia de choque los recurrentes y prolongados cortes de la electricidad? Los salarios humillantes; las pensiones completamente simbólicas; la falta total de cualquier alimento o artículo de la vida cotidiana, que para obtenerlos se requieren ingentes cantidades de dinero que la gran mayoría de la población no tiene; la casi total ausencia de medicamentos básicos, incluso con muy severas restricciones y también faltantes a nivel hospitalario; la ausencia casi total de un transporte público; la total ausencia de una prensa escrita crítica e independiente; el estado lastimoso de muchos hospitales, excepto los de la Nomenclatura.

Recibir un paquete de ayuda, desde cualquier lugar del mundo, para una familia cubana significa una oportunidad de acceder a alimentos, medicinas, artículos de limpieza, efectos electrodomésticos y artículos varios de todo tipo, que jamás tendrían bajo esa vida miserable y agobiante que les han impuesto los únicos verdaderos enemigos del pueblo cubano: su gobierno.

Esa miseria crónica, desgraciadamente sin cura posible en ningún plazo de tiempo futuro, ha condicionado la vida y las mentes de todo un pueblo por generaciones.

Enviar por ejemplo desde EE.UU. alimentos tan básicos como arroz, frijoles, azúcar, aceite, leche en polvo, café, entre otros que no es necesario citar, por ser de conocimiento de la amplia comunidad cubana emigrada, muy principalmente a Estados Unidos, es solo una muestra de la debacle económica de un régimen absolutamente ineficiente, que basa casi el total de sus ingresos en fuentes totalmente necesarias para la sobrevivencia del pueblo cubano, pero desde el punto de vista de la creación de riquezas materiales, absolutamente improductivas: ingreso de dinero y bienes por parte de la comunidad cubana en el exterior, turismo, y el cobro de servicios médicos. La realidad cubana siempre ha sido muy compleja. Es inútil simplificarla, adornarla y celebrarla triunfalmente como hacen los profetas de un mundo mejor, permeados de ideas que la sobrenatural propaganda comunista siembra firmemente en las mentes de personas que no han tenido la oportunidad de vivir durante más de seis decenios en nuestro país.

# SAGUA "LA MÁXIMA"

Sagua la Grande fue la ciudad de mi infancia y adolescencia. Los recuerdos de ella se me presentan en pequeños episodios como piezas de rompecabezas que intento hacer coincidir en el tiempo y la distancia. Lo primero que viene a mi memoria es la idílica imagen del río Sagua la Grande, el Undoso, como también se le conoce, con el entramado metálico del puente que cuelga sobre él, conectando las dos orillas del pueblo y los flamboyanes florecidos inclinados sobre sus quietas aguas, como si a su paso besaran la corriente con sus ramas. También guardo la visión del río fuera de cauce, amenazando con llevarse en su corriente las viejas casas de madera levantadas en una de sus márgenes, y que fueran la base del primer asentamiento de la ciudad sagüera. Capté esa imagen cuando, de la mano de mi madre, lo atravesamos para alguna gestión de emergencia después del paso de una tormenta. ¿Y cómo no recordarlo en época de sequía? Una alfombra verde de malanguillas con flores liliáceas parecidas a las Orquídeas lo cubría. A simple vista era posible pensar que toda el agua había desaparecido de su cauce, y que tal vez se le podría atravesar caminando de orilla a orilla sobre esa alfombra verde. Mi madre nos alertaba continuamente de no acercarnos porque el río era traicionero y nuestros pies, si intentáramos andarlo, se enredarían en la maraña de las raíces de esas plantas engañosas, y el final sería como el del amiguito Iván, que desapareció entre ellas un día. En aquel entonces, el barrio San Juan entero se movilizaría en la búsqueda del pequeño. Su cuerpecito aparecería días después con los efectos de la asfixia y el tiempo que pasó sumergido en el agua. Los mayores evitaban hablar del tema en presencia de los niños, pero siempre hay un oído presto a escucharlo terrible: las jicoteas que viven en el río se habían comido los ojitos de Iván. No conocí más detalles, pero bastó para que durmiera en sobresaltos por mucho tiempo, y hasta la fecha no ha dejado de impresionarme esa tragedia del pasado.

Más cerca de mi barrio —el Reparto Oña— atravesando la larga carretera que llevaba hacia el Central Resulta, devenido en Central Antonio Finalet porque los dueños de la isla quitan los nombres originales y los sustituyen con nombres de quienes se identificaron políticamente con el sistema en la mayoría de los casos, con la intención de hacer creer que ellos fueron los que levantaron la obra. Aun así, el central, con nombre nuevo y todo, dejó de producir azúcar en 1995. Simplemente fue pulverizado por las insaciables termitas que habitan en la isla desde hace sesenta y cuatro años.

Pero lo que quiero contar, después de atravesar la carretera se seguía por un trillo polvoriento donde algunos bambúes mantenían un brillante verdor y emitían un sonido peculiar al ser mecidos por la brisa, un grandísimo árbol de mamoncillos, de los que recuerdo el sabor delicioso de sus frutos, y al otro lado un potrero de pasto ralo, con par de vacas famélicas que hacían creer que comían las amarillentas hierbas y mientras lo hacían, agitaban sus colas como los limpiaparabrisas de los carros, espantando las impertinentes moscas que se posaban en sus cuerpos. Un poco más adelante aparecía un declive agudo y de prolongada extensión que llevaba hasta las márgenes del río. Claro que mi madre solo nos dejaba mirar desde lejos el casi acantilado que se ofrecía a la vista, pero después que mi padre saliera de prisión, cuando imperaba en casa la necesidad de mitigar el hambre, era menester que él atravesara el río saltando por encima de las rocas que sobresalen en época de sequía, hasta llegar a la otra orilla donde crecía una plantación de maíz. No sé cómo mi padre se las arreglaría, pero siempre regresaba con un saco de yute repleto de mazorcas maíz tierno sobre su espalda. Mi mamá se daría a la tarea de despojar a las mazorcas de sus hojas y, después de horas de trabajo febril en la cocina, sacaba de la cazuela de agua hirviente los tamales. Entonces ese día nos acostábamos felices con las barriguitas tibias mis hermanos y yo, después de una suculenta cena de tamales. El hambre había sido apaciguada una vez más. Agradecía a Dios por haber dado la intrepidez a mi padre para cruzar el río asumiendo riesgos, y a mi madre por exacerbar su instinto maternal, dedicando horas de trabajo en la cocina, preparando los deliciosos tamales que aun con el paso del tiempo recuerdo y no he hallado, a pesar de tener la posibilidad de degustar muchos de ellos, alguno que se les iguale en el sabor.

La carretera del ingenio funcionaba de una manera muy peculiar para mí. Cuando en las mañanas yo caminaba hacia mi escuela de primaria, en sentido contrario al mío, me cruzaba con un montón de jóvenes en bicicletas. Ellos iban rumbo al Instituto Pre-Universitario que quedaba bastante cerca de mi casa. Ese plantel resultaba ser el único de ese nivel pedagógico en la ciudad, para ese entonces yo añoraba pertenecer a ese grupo, ser más grande en edad y tener más grados vencidos. En el atardecer volvíamos a cruzarnos otra vez. Los chicos del instituto regresaban a sus casas, seguramente la mayoría vivían después de cruzar el puente, en el centro del pueblo, y yo regresaba a la mía. Los rostros de algunos estudiantes me llegaron a resultar familiares por obra y gracia del intercambio en la vía.

En las tardes, casi al oscurecer, se escuchaba por toda la zona el grave sonido del ingenio que se me antojaba triste, sería la señal a los trabajadores para que se alistaran a su labor en el turno de la noche. Esos hombres mal vestidos desfilaban también en bicicletas, como los estudiantes de la mañana. Generaciones diferentes con objetivos distintos se relevaban, los unos estudiando, los otros al trabajo usando la misma vía para continuar la vida. En aquel entonces, tal vez, ni estudiantes ni trabajadores sabían que usaban esa carretera gracias al espíritu emprendedor del señor Juan de Dios Oña, quien le compraría el central Resulta a Joaquín Alfonso en 1895, después de terminada la Guerra de

Independencia y cuando el ingenio se encontraba prácticamente en ruinas. El señor Juan de Dios de Oña fue mejorando las condiciones del ingenio, invirtiendo en máquinas e infraestructura que daría como resultado el aumento de la producción de azúcar y daría a su vez la posibilidad de emplear a miles de obreros. La carretera de Resulta, que empezaba o terminaba en el central, junto a la línea del ferrocarril coadyuvaría a la ampliación de Sagua la Grande, que iría expandiéndose a lo largo de la carretera y hacia el interior.

Los enormes laureles plantados a ambas orillas de la carretera le daban un cierto toque de solemnidad a la vía. Sus frondosas ramas se engarzaban en sus copas, las unas frente a las otras, formando un arco, como un abrazo de verde frescura de la que disfrutaban los asiduos transeúntes de a pie, en bicicletas y coches tirados por caballos. Aunque diferentes tipos de árboles, cuando me encuentro transitando, por una parte, de la calle Coral Way ya adentrada en el barrio de Coral Gables, los jagüeyes de la vía me hacen lamentar la pérdida de los laureles de la carretera de mi infancia, y pienso en lo hermosa que sería si un día no hubiese aparecido la barbárica orden para que los talaran. Y así lo hicieron, uno a uno, cayeron aquellos árboles sin ningún quejido, solo podía escucharse el sonido sordo de sus troncos al chocar con el suelo. Así quedaría destruido el trabajo de los que habían plantado los laureles y los habían hecho crecer con el sentido preciso de la hermosura, la sombra, el frescor. Y es que el resultado de la barbarie termina siempre afectando a los más sencillos. El sol reverberante del mediodía se haría insoportable para los de a pie, y los pulmones de la ciudad padecieron la necedad de los hombres del bando de los que destruyen.

Hasta el quinto grado yo asistí a un colegio de una edificación impresionante, una joya arquitectónica con algunas mezclas de estilo. Esta era la Iglesia Colegio Sagrado Corazón de Jesús que fue inaugurado en 1908 y contribuyó a formar generaciones de hombres con amor profundo a Jesucristo y el propósito de hacer bien al prójimo.

La iglesia sostenía en el campanario la torre donde el Sagrado Corazón de Jesús contemplaría a la ciudad desde el punto más alto de la localidad y sería el primer monumento público de la república.

Las aulas del colegio eran espaciosas. Los burós de los maestros siempre estaban pegados a una de las ventanas de dos hojas con persianas francesas y vitrales en su parte superior, y a continuación una amplia pared para el negro pizarrón, a donde íbamos a parar al momento de cumplir con alguna tarea a la que nos llamaba la maestra, siempre ascendiendo por un escalón para quedar frente al resto de la clase desde un nivel superior. Las aulas también, en una de sus paredes, mostraban murales y en sus paisajes reflejaban algún detalle de diferentes países latinoamericanos. El mural que recuerdo con bastante claridad fue el de mi aula de tercer grado que mostraba un arbusto de café. El cafeto con hojas verde brillante, daba la impresión de estar humedecido de rocío con semillas de café maduro rojo púrpura entre sus hojas. Al pie del mural, estampado, se leía en grande el nombre de Colombia.

Sería casi acertado pensar que han desaparecido los murales de las paredes de las aulas de mi escuela, lo más probable sería que a los necios les haya molestado ver reflejada la naturaleza en todo su esplendor en el recinto jesuita y hayan procedido a borrar las pinturas. Ojalá que no.

En 1961 confiscaron el colegio los necios, los mismos que talaron los árboles de la carretera del ingenio. Cuando comencé allí mi primer grado ya no era Colegio Sagrado Corazón de Jesús, sino que había sido cambiado su programa de estudios y el nombre del colegio por el de José Martí. No me llegó a molestar tanto este cambio por ser el nombre de nuestro Apóstol, pero ¿acaso el Apóstol no se hubiese enojado por haber sido colocado en el grupo de los usurpadores?

La escuela estaba situada en la avenida de Gómez, muy cerca del río. Vista de frente, a la derecha de la escuela, está emplazado un obelisco en la intersección con la carretera del Central Antonio Finalet, dígase Central Resulta. El nombre a la avenida y al obelisco fue dado en honor al que fuera presidente de la República José Miguel Gómez que, según cuentan, mantuvo un fuerte vínculo con la ciudad sagüera por los progresos que ella mostraba. Por suerte, el obelisco y la avenida mantienen sus nombres originales hasta la fecha. En la acera frente al colegio, en la esquina más próxima al obelisco, había una pequeña terminal de ferrocarril. Los campesinos, sobre todo, lo tomaban para sus visitas al pueblo. Desde allí se embarcaban en el tren de Viana, otro pueblecito adyacente a Sagua la Grande y este hacía sus paradas también en Sitiecito y Flor de Cuba. Estos nombres me resultaban familiares porque mi papá se subía al tren para bajarse en ellos a "forrajear", que no era otra cosa que hacer trueque con los campesinos de esos pueblos de algunas cosas llevadas desde casa por arroz, frijoles, viandas o cualquier cosa que fuera comestible.

El quiosco de Juan el negrito también estaba en la acera frente al colegio. Al sonar el timbre del recreo, los niños salían disparados cruzando la calle hasta el mostrador del pequeño timbiriche. Se formaba el tumulto bullicioso de muchachos volviendo loca la cabeza al pobre Juan, todos al mismo tiempo con sus demandas de melcochas, cucuruchos de maní garapiñado, caramelos de coco, guarapo, refrescos de melón, mango, guanábana, en fin, un negocio sencillo que no paraba. Juan el negrito, el propietario de aquella humilde mina bien situada, vivía allí mismo con su numerosa familia en la parte posterior del quiosco. Escuchaba decir a mi mamá que, si algún vecino tenía la necesidad de comprar a tardes horas de la noche, tocaban a la puerta de Juan para que le despachara, y que siempre Juan resolvía la necesidad con gusto. También este humilde y exitoso hombre de negocios apuntaba en una libreta bastante ajada por el uso las deudas de los clientes que convenían con él en pagar después.

Desgraciadamente, el pequeño negocio de Juan caería en la redada de la ofensiva revolucionaria de 1968 que, con las confiscaciones, terminaría por destruir todos los pequeños negocios y la iniciativa privada de los cubanos. Los necios no paraban en su obra destructiva como termitas insaciables. No supe después si una nueva administración asumiría el negocio de Juan. No creo, porque el humilde inmueble servía de vivienda a Juan y a su familia, pero dado el caso, estoy segura de que los necios no pudieron llevar adelante el trabajo con la misma eficiencia que lo hacía Juan.

Después de tantos años, conservo recuerdos gratos de mis profesores. Una de ellas es mi maestra del tercer grado, Cira, como se llamaba. No era joven. Usaba espejuelos todo el tiempo de tono verdoso oscuro en sus cristales. Creo que padecía de cierto estrabismo que me desconcertaba. No sabía, cuando hablaba desde su silla, si se dirigía a mí u otro alumno cercano hasta que me llamaba por señorita López. Mi maestra lograba buenos resultados académicos de sus alumnos. La directora a su vez visitaba la clase con bastante frecuencia y decía que habíamos resultado vanguardia de la escuela y al final aplaudíamos a mi maestra.

Todos los alumnos de la clase recitábamos de memoria las tablas de multiplicar del dos al nueve de carretilla. Panchito, como llamábamos a un alumno de la clase, era el mejor en Matemáticas. Yo sentía un poco de incomodidad cuando daban los resultados de los exámenes y siempre era él, Panchito, el de mejor nota, aunque la diferencia hubiera sido por un punto. Redactábamos composiciones en la clase de Lengua Española con los temas indicados por la maestra. Uno de ellos a desarrollar fue "La Zafra de los Diez

Millones" y el tema me resultaba tan abstracto que me frustraba la idea de que mi composición no quedara en primer lugar. Carecía de argumentos para compartir con mi joven musa.

En el patio central de la escuela, alrededor del estanque del antiguo convento, nos reuníamos cada mañana para celebrar el matutino. Con las manitas puestas sobre el pecho entonábamos las notas del Himno Nacional, cuya letra exhorta a los bayameses a correr al combate porque la patria lo necesita con urgencia. Yo cantaba en un tono muy bajo, casi en susurro, porque mi voz de pito desafinaba con el coro. Mi piel sufría cierto rubor que yo intentaba esconder para que ningún niño cercano a mí se percatara de lo que me pasaba.

Mi maestra de cuarto grado fue la señorita Gabriela Dreke, una negra linda que recuerdo con cariño y agradecimiento. ¡Tremenda profesora! De vestir impecable y su pelo corto planchado, tan liso como el mío. Mantenía una disciplina férrea en el aula. Su voz fuerte salía de sus blanquísimos dientes, y su boca de labios anchos color púrpura oscura llegaba hasta el último rincón del aula con especial entonación. Mis maestros de la enseñanza primaria fueron excelentes pedagogos, parte de lo bueno formado antes de enero de 1959, la raspita, lo que quedaba en el fondo de la cazuela enorme que cocinó la república para hacer crecer a las generaciones nuevas que vendrían.

Tiempo más adelante empezaron aparecer los guías de pioneros y las pañoletas azules. Todavía no se había establecido el abominable lema "Seremos como el Che", con el que comienzan hasta el día de hoy sus clases los escolares de mi país. Flagrante abuso a la inocencia de los niños cubanos, al inducirles el querer igualarse en su futuro a un individuo que actuó criminalmente contra los cubanos en los primeros años de la toma del poder por los rebeldes barbudos que bajaron de la Sierra Maestra en 1959. Sin duda alguna, desde que aparecieron las pañoletas azules en los hombros de los pequeños, había comenzado el adoctrinamiento comunista de las nuevas generaciones.

Se comportaba de manera reacia mi madre a permitir que la guía de pioneros me llevara al Plan de la Calle, actividad dominical donde se les enseñaba a los niños a pronunciar consignas revolucionarias, magnificar las figuras de los dirigentes e interpretar canciones cuyas letras llevaban explícito el mensaje ideológico. Ejemplo de esas canciones era una que exaltaba la figura del máximo líder, refiriendo que él vivía en la montaña y que las franjas que representan nuestra bandera lo envolvían de manera sublime. No encontraba la razón de la negativa de mi madre, cuando "a cal y canto" le cerraba la entrada a la morenita vivaracha que hacía de guía de pioneros e iba a mi casa a intentar persuadirla para que me dejara participar en las actividades.

Precisamente, la guía de pioneros en fila india conducía a los niños al parque La Libertad, ubicado al centro del pueblo, a un costado de la iglesia La Inmaculada para las actividades de apoyo a la revolución. Para llegar hasta el parque desde mi casa se debía cruzar el puente El triunfo, y cruzarlo era algo que me encantaba hacer. Yo no podía seguir a este grupo de niños por la prohibición que decretó mi madre. No obstante, cuando ella me llevaba a la consulta del doctor o cuando ya en estudios secundarios me vi en la necesidad de cruzarlo, eran minutos de relax lo que me proporcionaba ver la corriente por entre las rendijas de la malla metálica. Y hasta a veces reservaba alguna que otra piedrecilla para lanzarla y admirar la perfección de los círculos concéntricos que se formaban al impactar sobre el agua. Todavía no sabía yo que ese puente sobre el río Undoso había sido construido de madera en un principio, según dicen los escritos, pero la furia de una tormenta que azotó por esos lares en los finales del siglo XIX acabó por destruirlo y se comenzaría con el proyecto del nuevo puente. Esta vez, sería su estructura construida en hierro con la tecnología Pratt, novedosa para su época. La construcción se terminaría en 1905. Se le bautizaría con el nombre de El Triunfo, por el hecho que el General mambí José Luis Robau, con su brigada, haría su paso victorioso por el puente cuando los cubanos ganaron la contienda contra la colonia española en 1895.

Ha perdido el esplendor de otra época el puente El Triunfo. Por algunos cubanos llegados desde Sagua la Grande, y después de leer el artículo publicado en el diario digital 14 y Medio, he conocido el estado de abandono del puente de la victoria. Sus encajes de hierro sucumben ante la desidia de los necios que talaron los árboles de la carretera del ingenio, al que después cambiaron el nombre y lo han hecho ruinas;

los que confiscaron el colegio Sagrado Corazón de Jesús y cambiaron su programa de estudios y su nombre; los que exponen a diario las vidas de los estudiantes, trabajadores y ciudadanos en general, quienes necesitan del enlace de las dos riberas, y cruzar el puente les supone un riesgo diario por el estado calamitoso en que se encuentra. El Triunfo, no tendría sentido. Quienes nos precedieron laboraron con tesón para que los sagüeros se sintieran confortables en el uso del puente después de su construcción. Otras generaciones de malos administradores han demostrado el desamor hacia la obra que fue puesta en sus manos.

Sagua la Grande es también llamada La Villa del Undoso por el río, aunque su nombre originario es aborigen y viene de su primer nombre, Cagua, derivando en el actual, y se fundaría en 1812. Bañan sus costas las aguas del Viejo Canal de Bahamas, al estar ubicada en el Centro Norte de Cuba. Otros barrios se agrupan en esa llanura alrededor de mi pueblo. Sin apenas poder localizarlos en el mapa extendido frente a mí, me emociono una vez más al repasar su historia.

Se atribuye el origen de la actual Sagua la Grande a Juan Caballero o varios con el mismo apellido. Ellos tenían el mismo afán de fundar un poblado. Con dificultades propias de los comienzos, por fin lograron construir la capilla de la Purísima Concepción y su inauguración coincide con las fiestas de la patrona, el 8 de diciembre. Evolucionó Sagua la Grande con ritmo pujante tras años de dificultades por incendios, huracanes, desbordamiento del río, y todo gracias al empuje de sus ciudadanos de entonces que se negaban al fracaso de la obra. Por ese esfuerzo y constancia, Sagua la Grande cobró auge.

Inundaciones ocurridas en septiembre de 1894 y junio de 1906 perturbaron económicamente su desarrollo, pero la ciudad se levantaría porque el espíritu ciudadano fue de mucha vitalidad. La capilla fue convertida en una grande y sólida iglesia con capacidad para mil feligreses, también se construyó el cementerio. Los habitantes crearon escuela para sus hijos y sufragaban los gastos con sus propios recursos. Para 1852 contaban con el primer taller tipográfico, que marcó el inicio de la prensa en la ciudad.

Sagua la Grande, antes de la llegada al poder en 1959 del bando de los que no construyen, era una ciudad moderna con magníficas edificaciones, calles bien atendidas, monumentos erigidos a las celebridades oriundas del lugar, educando sobre la premisa de que "honrar honra". Había un hospital, laboratorios, maternidad, hogar de ancianos, sanatorios, creche, instituto de segunda enseñanza, escuelas privadas, cines, teatro, liceo, biblioteca, telégrafos, correo. La electroquímica, única en todo el territorio nacional, la Fundición MacFarlane, La Destilería El Infierno. No en balde, Sagua la Grande ocuparía el segundo lugar industrial en Cuba.

Una muestra del crecimiento impetuoso fue el Hotel Sagua, enclavado en el centro de la ciudad, que se comenzaría a construir en el año 1925, y sería considerado uno de los más lujosos y confortables del centro de la isla.

Personalidades como el poeta granadino Federico García Lorca y la chilena Premio Nobel de Literatura Gabriela Mistral, serían honorables huéspedes de esta instalación. Este hotel casi habría sucumbido, a no ser porque los actuales jerarcas de la isla se dejaron arrastrar por la fiebre del turismo y entonces fue rescatado de las ruinas, para incorporarlo a la maquinaria hotelera de Cuba en busca de los dólares para la supervivencia de los necios, o sea, los gobernantes de la isla.

A un costado del Hotel Sagua, en el área que comparte la iglesia La Inmaculada Concepción con el Parque La Libertad, se alza un monumento un tanto mohoso por la acumulación del polvo y la humedad, en honor al Doctor Joaquín María Albarrán y Domínguez, nacido en Sagua la Grande en 1860. El monumento sería levantado antes de la revolución de los necios, por supuesto. Cruzando el parque por el costado de la iglesia para llegar hasta el cine Alcázar o El Encanto, que están del otro lado de la calle, me sorprendería varias veces leyendo el pensamiento de este célebre científico. En el escrito, grabado al pie del monumento de mármol, el doctor Joaquín Albarrán hacía sentir su espíritu de pertenencia a la ciudad de Sagua la Grande a pesar de haber optado por la nacionalidad francesa y todos los honores que recibió en vida por su trabajo en Europa. Grande espíritu de lealtad y sencillez, al tener presente su origen. En Francia, el doctor Albarrán trabajaría como director del Departamento de Urología, aplicando técnicas innovadoras, por lo que obtendría el Premio Godard de la

Academia Médica de Francia en tres ocasiones. Perteneció a La Legión de Honor de Francia. Recibió medalla de oro por su tesis sobre la tuberculosis y fue nominado al Premio Nobel en 1912. Trabajó junto al no menos célebre científico Doctor Luis Pasteur como microbiologista.

Pienso en todas las clases que yo recibí en Sagua la Grande de primer al noveno grados, y de ellas ni una palabra en la clase de historia fue dedicada para dar a conocer y recordar a esta eminencia que fuera el doctor Joaquín Albarrán, y del cual cada sagüero debe sentirse honrado de haber compartido el mismo suelo del nacimiento.

La llanura sagüera gozó el privilegio divino de que en ella germinaran semillas pródigas de ferviente espíritu patriótico y talento, que no solamente honraría a Sagua la Grande sino a la patria entera. Sería sacrílego no mencionar en estas páginas el hecho de que José Martí tuvo a su lado, organizando la gesta de 1895, a sagüeros que serían más que sus amigos, sus hermanos. Uno de ellos lo fue Salvador Herrera, delegado del Partido Revolucionario Cubano que se desempeñaría como su secretario personal. Martí se referiría a Salvador Herrera como "mi fiel Herrera". El otro entrañable sagüero sería Emilio Núñez, que estuvo al frente del Departamento de Expediciones a Cuba y serviría como enlace directo entre el exilio y la isla. Emilio Núñez fue el último cubano en deponer las armas después del acuerdo del Pacto del Zanjón. Nadie había podido disuadirlo, pero Martí haría un trabajo excepcional para lograrlo y se expresaría así en una de las cartas que le enviara: "No las depone usted ante España, sino ante la fortuna. No se rinde al gobierno enemigo, sino a la suerte enemiga. No deja de ser honrado; el último de los vencidos, será usted el primero de los honrados". Después de constituida la República, Emilio Núñez sería nombrado vicepresidente bajo el mandato del presidente Mario García Menocal (1917-1921).

Cuando me refiero a las semillas de talento germinadas en Sagua la Grande, no sería otra que Jorge Mañach y Robato, nacido a finales de Siglo XIX. Sería Mañach figura cumbre de la intelectualidad cubana, filosofo, periodista, escritor sobre diversos temas. "Martí El Apóstol" es uno de sus libros. Fue un publicista prolífero de renombrados periódicos y revistas, además de político. Me avergüenza reconocer que conocí la existencia de este grande de la patria ya siendo adulta en el exilio. Los necios que llevan el control en Cuba no permiten que los cubanos que vivimos dentro de la isla conozcamos su obra. Testimonio de esta violación a los derechos de las personas en Cuba lo vivió el ciudadano cubano Pastor Mario Félix Lleonart, al llevar en su equipaje de viaje un ejemplar de Martí El Apóstol, el cual le fue decomisado sin ninguna explicación al respecto, solo que no era permitido entrar ese texto.

Wilfredo Oscar de la Concepción Lam, más conocido como Wilfredo Lam, nació en Sagua la Grande a principios del siglo XX. A los veintiún años embarcó hacia España mediante una beca que le concedió el Ayuntamiento de la ciudad. Estableció relación estrecha con el famoso Pablo Picasso. Viajó más tarde a París, donde encontró una nutrida representación de la vanguardia artística. Sus cuadros se exponen actualmente en importantes galerías europeas.

El músico Rodrigo Prats vería la luz en 1909 y se convertiría en el gran artista que fue en la ejecución del piano y el violín, dirigiendo orquestas filarmónica y sinfónica, y componiendo canciones y zarzuelas que han quedado para el enriquecimiento de nuestro acervo cultural.

A mediados del siglo XX, en 1946, nació en mí mismo pueblo el exsenador de los Estados Unidos de Norteamérica (2005-2009) Melquiades —Mel— Martínez. Pensar en tan alta posición ocupada por un coterráneo en el país más poderoso del mundo, llena de orgullo mi espíritu.

A este rompecabezas que he querido construir con mis recuerdos le faltan piezas que se pierden en el tiempo. La última vez que mis pies recorrieron el terruño sagüero no lo preciso, tal vez tendría yo la edad de veintitrés años, pero sí sé qué llegar hasta el rincón del muro donde la imagen en bronce del apóstol espera, llenó mi espíritu de añoranzas. Allí estuve bajo la ceiba plantada por patriotas a principios de la nueva república que él quiso fundar y le rendí homenaje sin llevar las rosas blancas que él amaba, imitando lo que él hizo cuando llegó a Caracas que, dejando las maletas, se fue sin descansar a la estatua de Bolívar.

Una ceiba centenaria crece en el mismo lugar donde expusieron el cuerpo sin vida del coronel José Sánchez Jorro, "El Pelón" como le llamaban, quien fuera asesinado junto a otros cuatro mambises a mano de guerrilleros españoles. Seguramente tuvieron la idea de intimidar al pueblo con la muestra para que cejaran en la lucha, pero la independencia llegó y quedó la gloria por el sacrificio de estos hombres. No toman el ejemplo los tiranos. Muchos hombres y mujeres de estos tiempos también mueren y se pudren en cárceles inmundas de la patria. Pero con seguridad la luz se hará y con la ayuda de Dios, vendrán otros tiempos para reconstruir, amar y recordar. Volveré sobre mis pasos al rincón de mi pueblo donde el Héroe de Dos Ríos, esta vez con las rosas blancas que dejé pendiente y diré al apóstol: lo logramos, ahora haremos renacer mi Sagua, la Sagua Máxima de Mañach, la Cuba con todos y para el bien de todos.

### Génesis

No recuerdo cuándo vi a mi padre por primera vez. Comenzaría a visitar mi casa en los tiempos en que yo tendría más o menos cinco años. Al principio las visitas serían esporádicas, pero después de un tiempo se fueron haciendo más frecuentes. Mi mamá mejoraba el carácter en cuanto él llegaba. Mis hermanos y yo disfrutábamos de cierta distensión por unas horas, un alivio que como bálsamo divino se extendía en nuestro hogar, dilatando el tiempo en que mi mamá empezaba con sus regaños y a repartir chancletazos por cualquier motivo y de manera generosa.

Sin embargo, empecé a experimentar sentimientos encontrados. A pesar del beneficio que nos reportaban las visitas de mi futuro padre, un sentido finísimo me advertía que estábamos siendo desplazados de la atención de mi mamá. Me embargaba por eso una melancolía que me ponía a punto de entristecer, tal vez estaba experimentando mis más tempranos sentimientos posesivos. Después, con el tiempo, aceptamos resignadamente la llegada del advenedizo a nuestro hogar y la empatía también creció como hierba buena.

Mi papá era un hombre desgarbado, más flaco que un gato sin dueño. Por ese entonces sus cabellos eran negros, bien engomados por el aceite Palmolive que con abundancia les aplicaba y los peinaba hacia atrás luciendo una frente amplia y despejada. Tanto brillaba su pelo engrasado que a veces creía verle salir humo de la cabeza después que hacía la caminata bajo el sol por aquella carretera infinitamente larga, donde ni sombra se proyectaba a punto de mediodía, para finalmente llegar a casa.

Durante mi infancia vivíamos en una casa sencillísima, rodeada por un amplio patio donde crecía mucho la hierba. Mantenerla en césped resultaba difícil para mi mamá, pero no hubiera dudado que, en caso de no quedar otra opción que trabajarlo, ella también hubiera hecho esa labor. Había enviudado prematuramente de mi padre biológico, pero nunca le vi languidecer de tristeza, tampoco lloriquear por los rincones. Así era de enérgico su carácter.

En nuestro patio, al fondo, abundaban las matas de guayabas. De ellas salía en época de cosecha, un penetrante olor dulce que atraía a los vecinos y a quienes pasaban cerca de casa. En las noches se aspiraba la fragancia íntima de los jazmines moñudos plantados casi de manera silvestre frente a la ventana de la habitación que compartía con mis hermanos. El galán de noche trepaba por la cerca delantera, con su corola delicada de pétalos finos y blanquísimos que abrían al anochecer y regalaban su perfume a los pocos que caminaban por la acera en horas de la noche.

En mi barrio residió lo más selecto de la burguesía de mi pueblo, los americanos propietarios del ingenio ubicado como a cuatro o cinco kilómetros de donde vivíamos, la familia McFarland, dueños de la Fundición de Metales, en aquel entonces una de las más grandes de América Latina según escuchaba decir. Ellos residían en una calle más atrás de la nuestra, creo que lo hacían de manera temporal y era el de los McFarland un hermoso chalet con la entrada en forma de arco, rodeada de frondosos mangos. Doctores y farmacéuticos completaban la comunidad del barrio de mi infancia.

Recuerdo muy vagamente a algunos de los vecinos, pero sí recuerdo bien a la más querida de mi familia, María Peña, como se llamaba, era una viejecita dulce, de modales exquisitos y de pelo blanco que lo ataba a lo alto de su cabeza y vivía en el chalet de dos plantas que estaba frente a mi casa. Sería en su mansión donde yo vi y subí a un ascensor por primera vez. Sus hijos emigraron desde el mismo año 1959 y ella se había quedado viviendo de manera obstinada en la isla con la esperanza que todo volviera al orden anterior. Pero, con el tiempo y la desesperanza, sus hijos la rescataron de su confinamiento y supe muchos años después que se la habían llevado a West Palm Beach, Florida, donde ellos continuaban con el negocio de los centrales azucareros. Fue el gobierno revolucionario quien dispondría posteriormente de su chalet convirtiéndolo en sede de un comité militar. A ambos lados de mi casa, izquierda y derecha, se levantaban otros dos chalets con una arquitectura poco común para los cubanos. Estas edificaciones de dos plantas tenían escaleras con pasamanos hechos en madera preciosa y sus escalones cubiertos por alfombras. Tenían chimeneas y estufas en un país como Cuba donde con el calor, en cualquier mes del año, se podría derretir una piedra expuesta al sol a punto de mediodía. En los frentes de los chalets crecían unos pinos altísimos que tal parecía que desafiaban al cielo. Ellos me sobrecogían de miedo cuando los escuchaba luchar contra el mal tiempo en los meses que aparecían las tormentas, ciclones, y en los finales o principios de año, cuando algún que otro frente frío con sus ventarrones lograba sobrevivir después de atravesar La Florida. No obstante, eran los preferidos para los gorriones que alborotaban las mañanas con su alegre algarabía. A causa de los pinos y los vientos, en las aceras y los patios se formaba una especie de alfombra con los largos filamentos que caían junto con las semillas parecidas a pequeñas piñas secas. Estas semillas se encargaban de torturar mis pies al jugar a las escondidas con mis hermanos. Más de una vez mi mamá, con una aguja de coser antes pasada por el fuego, debió extraer de mis plantas algún que otro resto de esas semillas que a veces se me enconaban y me sometían a una cojera que limitaba mis movimientos por algunos días.

Mi niñez y la escasez en mi país comenzaron al mismo

tiempo como una suerte de maldición y desafortunadamente perdura con más fuerza en el presente. Recuerdo que tenía solamente un par de zapatos que no podía usar para jugar, porque eran los únicos, los de salir. Cuando leía por primera vez algunos de los versos sencillos de Martí, aprendí de memoria "Los Zapaticos de Rosa" e imaginé a mi mamá en la misma acción, guardando en el escaparate, lo que los versos guardaban en un cristal. Pero el celo de mi mamá por los zapaticos de salir acabaría el día en que algún inmisericorde vidrio rasgara uno de mis pies y ella, por el temor a que mi herida se infectara, se vio obligada a sacarlos y dejar que me los pusiera. Con la inocencia que caracteriza a un niño me sentí feliz a pesar de la herida en el pie. Sentada en el sofá casi todo el tiempo, no dejaba de contemplar de manera embobada mis zapatos nuevos.

## DESPIDIENDO A LOS REYES MAGOS

Cosas extrañas comenzaron a pasar en mis días de infancia. Una vez, cuando escribimos una carta a los Reyes Magos pidiéndoles con devoción que nos trajeran los juguetes que queríamos para el Día de Reyes, mi madre nos dijo que olvidáramos nuestras peticiones, porque ellos no vendrían más. Nos resultaba difícil entender que los Reyes Magos —Melchor, Gaspar y Baltazar— se hubiesen molestado con mis hermanos y conmigo, aun habiéndonos portado bien.

¿Cómo podríamos entender que unos adultos no los dejarían entrar más en mi país? Así pasó realmente, los Reyes Magos fueron declarados personajes non gratos y, por tanto, no podrían estar para dejar sus regalos colgando de la cerca de malla perle, debajo de la cama o encima del sofá de la sala de mi casa, como nos habían acostumbrado.

La fecha del seis de enero —Día de los Reyes Magos— sería borrada del calendario infantil por los revolucionarios hasta el día de hoy y daría paso a una racionalización criminal, a partir de la cual los niños tendríamos una cuota anual de tres juguetes. Después sería otra cosa, los padres tendrían que salir a discutir en interminables colas, acompañadas de noches durmiendo en los portales de los establecimientos o los frentes de las tiendas donde tocaría comprar.

Adivinar el día de la puesta en venta de los juguetes sería a lo mejor una ardua misión digna de ser encomendada a alguna pitonisa de renombre. Una de las primeras acciones del gobierno revolucionario fue acabar con una tradición casi centenaria en Cuba. El Día de Los Reyes Magos, el 6 de enero, fue cambiado para el tercer domingo de julio y bautizado por el Día de Los niños y Las niñas.

En Cuba los juguetes son solamente para hijos, nietos y biznietos de los altos jerarcas del régimen, también para los hijos de otros cubanos que sirven de quinta columna, trabajando en sedes diplomáticas dentro y fuera de la isla y en corporaciones extranjeras que les permiten mejor remuneración económica que el resto de los compatriotas. Hay otros niños que tienen FE, expresión usada en la isla para referirse a familiares en el extranjero que mueven cielo y tierra para ayudar a los suyos. Cuando digo mover cielo y tierra, me refiero a trabajar durísimo y después pagar los exorbitantes precios de envíos de las agencias dedicadas a estos menesteres, o pagar en la diabólica aduana de la isla si los llevaran en equipajes de viaje. Lo peor toca a los niños que no aplican en ninguna de estas categorías, como decimos en nuestro argot más radical "que los parta el rayo". Recuerdo ver la foto de una pequeña párvula en un artículo que sería publicado en una revista muy leída en Cuba. El artículo, sustentado por la fotografía, hacía referencia al abandono de la infancia antes de la revolución. La imagen de la niña no la olvido. Una linda campesina con las mejillas manchadas de hollín, los flequillos de su pelo oscuro caían sobre sus expresivos ojos y entre sus bracitos sostenía un pedazo redondo de madera que fingía ser su bebé. Pero el abandono que sufre la niñez cubana duele. Las promesas de una revolución que prometió eliminar desigualdades cayeron en saco roto.

En medio de este entuerto, no sé cómo lo haría, pero en una ocasión mi mamá apareció con dos muñecas de apariencia nórdica, estilizadas, con sus pelos blancos, minifaldas y caritas preciosas, se llamaban muñecas Lily's. Después de tantos años no logro explicarme cómo mi mamá fue capaz de poder comprarlas conociendo la odisea de las colas, porque mi mamá ni dormía en colas, ni tampoco compraba los turnos. Esa fue mi única muñeca y también la de mi hermana. De juguetes no supimos nada más mientras viví en mi país.

## EL COMIENZO DE LA ESTAMPIDA

Así las cosas, la soledad del barrio se expandía de manera abrumadora. Empecé a notar los chalets vacíos y el silencio que provocaba la ausencia de los niños del vecindario. Paseando por las aceras, mis hermanitos y yo pegábamos las caritas a las mallas de las cercas viendo cómo languidecían, esparcidos en los jardines, los juguetes de los otros niños que ya no estaban, se habían marchado lejos con sus padres. Las hojas que caían de los árboles los cubrían como la manta que arropara a un bebé. Igual que en los cuentos de hadas, la vara mágica del exilio daba la impresión de haber puesto a todos a dormir hasta que alguna cosa pasara para despertar del sueño o, mejor dicho, de lo que sería una larga pesadilla.

A partir del año 1959, cuando las guerrillas comandadas por Fidel Castro tomaron el poder en la isla, los primeros vecinos escaparon hacia el norte. Y sería el norte la denominación corta y precisa para decir Estados Unidos. Desde entonces y hasta la fecha fue el punto cardinal más apreciado para la mayoría de los cubanos, cuando de emigrar se trata. Los cubanos por lo general antes de 1959 muy raramente emigraban. Dada la proximidad de la isla con los Estados Unidos, facilitaba que los cubanos en muchas ocasiones visitaran Miami como turistas y hasta hacían viajes de ida y regreso el mismo día. No resultaba usual que se quedara alguien a vivir definitivamente en ese país. Los cubanos que permanecían en Los Estados Unidos en calidad de estudiantes, una vez concluidos sus estudios, regresaban a Cuba y ponían en ejecución lo que aprendieron. Puedo ilustrar un ejemplo en este sentido que merece mi orgullo y debería ser reconocido por los jóvenes cubanos de hoy y del futuro, y se trata de Max Borges Recio (1916-2009), quien se graduó en estudios de arquitectura e ingeniería en el Georgia Technical Institute y después especializado en la Universidad de Harvard, Estados Unidos. Una vez graduado, regresó a Cuba a trabajar junto a su padre. Perteneció al movimiento moderno de mediados del siglo XX realizando, entre otros, el diseño del Cabaret Tropicana, donde empleó estructuras novedosas.

Para los fundadores de la estampida tal vez no fueron tan complicados los trámites de inmigración; pero la manera que yo conocí fue sencillamente avasallante. Cuento con testimonios de familiares que pasaron por esa forma de tortura. Médicos, abogados, farmacéuticos, que encabezaron la primera ola migratoria, cuando presentaban en las oficinas de inmigración la petición de emigrar eran tratados de manera despectiva. Para obtener la aprobación de salida del país eran obligados a trabajar en las labores agrícolas de los campos y debían dormir en barracas, bañarse en baños improvisados con puertas de saco, sin importar las inclemencias del tiempo, usar letrinas colectivas pestilentes, hasta que llegara el día de la salida.

También recibirían en sus casas la visita de un funcionario del gobierno que haría un conteo de todas sus propiedades. Todo debía permanecer intacto para la entrega al estado, y para que el estado tuviera garantizado el inventario, una semana antes la familia debía abandonar su casa, de esta forma los oficiales podían chequear con comodidad la exactitud del inventario previo. Nada absolutamente podía faltar. Ninguna propiedad podría ser vendida o cedida a otra persona, aunque fuera a la mismísima madre del posible emigrante.

> **Leyes de la Revolución**
>
> LEY NUM. 989 DE 5 DE DICIEMBRE DE 1961
> (G. O. del 6)
>
> Medidas a tomar sobre los muebles o inmuebles, o de cualquier otra clase de valores, etc. de quienes abandonen con imperdonable desdén el territorio nacional
>
> INTERIOR
>
> Por Cuanto: Es evidente que algunas personas pertenecientes a clases afectadas por las medidas revolucionarias, con imperdonable desdén por la Patria, abandonan el país.
>
> Por Cuanto: La mayoría de estas personas poseen en Cuba bienes diversos que deben ser puestos a disposición del pueblo, por lo que se impone normar las salidas y regresos del territorio nacional, así como el destino de los bienes abandonados.
>
> Por Tanto: En uso de las facultades que le están conferidas, el Consejo de Ministros resuelve dictar la siguiente
>
> 5

LEY NUMERO 989

*Artículo 1.*—Corresponde al Ministerio del Interior otorgar los permisos de salida y regreso a las personas que abandonen el territorio nacional.

Si el regreso no se produjera dentro del término por el cual ha sido autorizada la salida, se considerará que se ha abandonado definitivamente el país.

*Artículo 2.*—En los casos de las personas comprendidas en el Párrafo Segundo del Artículo 1, todos sus bienes muebles, inmuebles o de cualquier otra clase, derechos, acciones y valores de cualquier tipo se entenderán nacionalizados, mediante confiscación a favor del Estado Cubano, los cuales se asignarán a los organismos correspondientes.

*Artículo 3.*—En relación con los bienes a que se refiere el Artículo anterior, el Consejo Superior de la Reforma Urbana procederá a ocupar todos los bienes inmuebles destinados a vivienda, así como los bienes muebles que se encuentren en los mismos.

El Consejo Superior de la Reforma Urbana adjudicará en usufructo dichas viviendas en coordinación con la Central de Trabajadores de Cuba Revolucionaria (CTC-R), y en cuanto al mobiliario y demás efectos que se encuentren en ellas, en la forma que se establece en el Artículo 5 de esta Ley, con excepción de los vehículos motorizados.

*Artículo 4.*—Los vehículos motorizados, sea cualquiera su clase, a que se refiere el Artículo anterior serán ocupados por el Ministerio del Interior, el que los transferirá al organismo público que corresponda.

*Artículo 5.*—Con el mobiliario y demás efectos que se encontraren en las viviendas de las personas comprendidas en el Párrafo Segundo del Artículo 1, se procederá como sigue:

a) Los objetos de arte, cuadros, joyas, valores, prendas de vestir y alimentos, serán transferidos por el Consejo Superior de la Reforma Urbana, a los organismos del Estado a que corresponda.

b) El mobiliario se mantendrá en el inmueble a los efectos de su venta a las personas a quienes se les asigne como vivienda.

c) Si al adjudicarse la vivienda en usufructo, el usufructuario interesare recibirla amueblada se otorgará por el Consejo Superior de la Reforma Urbana un contrato de compra-venta de los muebles que se le entreguen, en los términos que se establece en el Artículo siguiente.

d) Si el usufructuario opta por recibir la vivienda sin muebles, los allí existentes serán recogidos por el Consejo Superior de la Reforma Urbana, el que oportunamente les dará el destino que corresponda.

*Artículo 6.*—El precio de los muebles objeto del contrato a que se refiere el Artículo anterior, será determinado por el Consejo Superior de la Reforma Urbana, previa tasación al efecto y dicho precio se pagará por el usufructuario de la vivienda en plazos mensuales, que no podrán exceder de sesenta y que tendrán cada uno la cuantía que señalará el Consejo. En ningún caso el importe de los plazos excederá de un cinco por ciento de los ingresos familiares, si éstos son inferiores a $150.00 mensuales; de un siete por ciento si son mayores de

Palabras de Fidel Castro el 28 de septiembre de 1961: "Los parásitos que se van a veces traen a un parientico o traen a un amiguito para la casa, y, ¡de eso nada! No señor. Hay que vigilar para cuando ustedes los vean vendiendo máquina, muebles, etcétera, y ya se sabe que se van, nosotros tengamos la planilla. Y esa casa —lo advertimos— será para una familia obrera. El que se mude para la casa de un parásito que se vaya, ¡que sepa que después tiene que dejar la casa!, el que se mude para la casa de un parásito, que esas casas son para los obreros".

Fidel Castro calificaría con epítetos deplorables a quienes no compartían su ideología y también a los que abandonaban el país previendo la catástrofe que se avecinaba. Negativa actitud en un líder de estado que, lejos de trabajar para la unidad, abría una brecha terrible entre nosotros los cubanos.

El espíritu populista de Fidel Castro comenzaría a develarse desde el mismo comienzo de la toma del poder. Diría que entregaría las propiedades de los que abandonaban el país a los más necesitados.

De esta manera alentó la chivatería, la envidia y la desidia. A fin de cuentas, él y los que estaban en su entorno de mando se quedarían con las grandes y lujosas mansiones.

Llegado el momento de la salida del país, la persona recibía un listado donde las autoridades de inmigración le hacían saber qué objetos podía llevar consigo.

*Del documento original, la relación*
    Joyas
- 1 reloj, 1 anillo de compromiso que no representara un valor mayor $60

**Artículos de tocador**
- Una unidad de pasta de dientes y jabón en uso, de producción nacional
- Una máquina de afeitar que no sea eléctrica

**Cosméticos**
- Una unidad de perfume, una unidad de creyón de labios, una unidad de lápiz de cejas, una unidad de coloretes

**Alimentos**
- Lo necesario para la dieta regular de infantes, calculada para el viaje.

**Medicinas**
- Un frasco regular, una caja de inyecciones y una jeringuilla hipodérmica en uso de acuerdo a la prescripción facultativa

**Ropa (hombres):**
- 3 trajes, 3 camisas o pullovers, 3 camisetas, 3 calzoncillos, 3 corbatas, 3 pares de medias, 3 pañuelos, 1 par de guantes, 1 abrigo o jacket que no sea de piel, 2 pares de zapatos, 1 pijama, 1 sombrero

**Ropa (mujeres)**
- 5sayas, 5 blusas, 3 refajos o sayuelas, 3 panties, 2 ajustadores, 2 pares de medias, 1 par de guantes, 1 abrigo que no sea de piel, 2 pares de zapatos, 1 ropón o 1 pijama, 1 faja, 1 cartera, 1 sombrero, 1 par de guantes.

**Niños**
    Una habilitación completa

Se aclaraba que todas estas prendas y artículos tenían que ser de uso. El emigrante no podía llevarse nada que fuera de valor o sin estrenarse. Como protocolo de aduanas, hacían desnudarse a "desertores" en el aeropuerto. Esta acción comprendería hacer cuclillas para comprobar que en sus genitales no llevaban nada oculto. Paradójicamente, después de tantos años sobreviviendo a la escasez, los emigrantes actuales dejan lo poco que poseen a sus familiares y amigos y llegan a su lugar de destino con lo que llevan puesto.

Hoy en día no han cesado las angustias para la migración, desde otro punto de vista han aumentado en demasía. Los cubanos andamos dispersos por casi todos los confines de la tierra, no importa hacia dónde, ni tampoco las calamidades que deban sufrir. La mayoría de la población, sobre todo los jóvenes, quieren escapar de la isla a como dé lugar.

*El inventario casa por casa y con la complicidad del pueblo cubano*

Una casa expropiada por el régimen castrista a inicios de 1960.
Los ejecutores ponen el sello oficial y clausuran la vivienda

La resolución 454 de septiembre de 1961, dictada por el régimen de Fidel Castro, estableció que quienes abandonaban el país hacia Estados Unidos perderían sus propiedades si no regresaban en 29 días. Una vez iniciado el proceso para marcharse del país, el futuro migrante recibía una inspección en su casa donde funcionarios del régimen inventariaban todo. Llegado el momento definitivo de partir, esa persona recibía una lista como la siguiente:

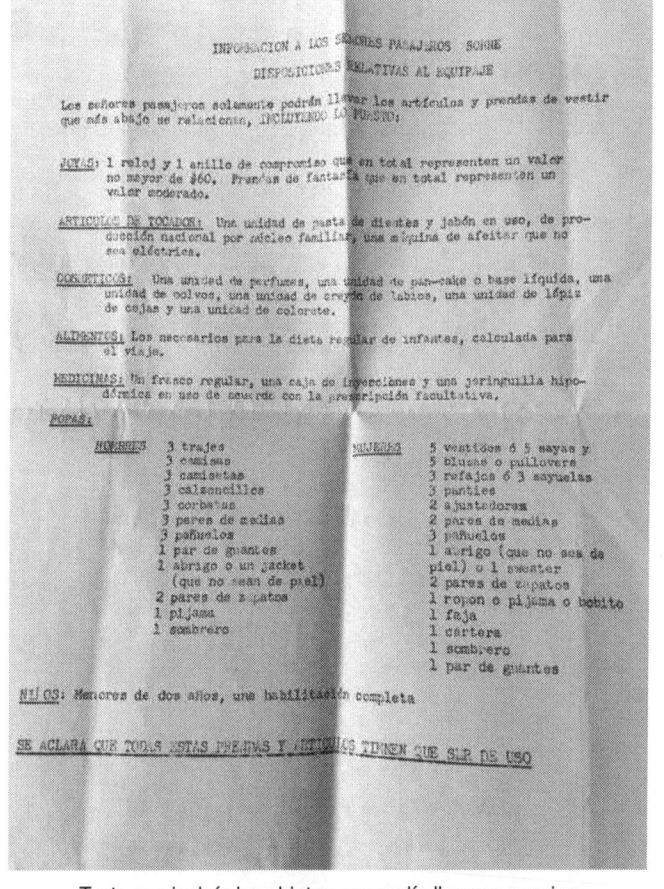

Texto que incluía los objetos que podía llevarse consigo

Información a los señores pasajeros sobre disposiciones relativas al equipaje. Los señores pasajeros solamente podrán llevar los artículos y prendas de vestir que más abajo se relacionan, INCLUYENDO LO PUESTO:

Joyas: 1 reloj y 1 anillo de compromiso que en total representen un valor no mayor de $60. Prendas de fantasía que en total representen un valor moderado.

Artículos de Tocador: Una unidad de pasta de dientes y jabón en uso, de producción nacional por núcleo familiar, una máquina de afeitar que no sea eléctrica.

Cosméticos: Una unidad de perfumes, una unidad de pan-cake o base líquida, una unidad de polvos, una unidad de creyón de labios, una unidad de lápiz de cejas y una unidad de colorete.

Alimentos: Lo necesario para la dieta regular de infantes, calculada para el viaje.

Medicinas: Un frasco regular, una caja de inyecciones y una jeringuilla hipodérmica en uso de acuerdo a la prescripción facultativa.

*Ropas*

| Hombres | 3 pares de medias |
|---|---|
| 3 trajes | Mujeres |
| 3 camisas | 5 vestidos o 5 sayas |
| 3 camiseta | 3 refajos o 3 sayuelas |
| 3 calzoncillos | 2 ajustadores |
| 3 corbatas... | 2 pares de medias... |

# UNA ODISEA ESCAPAR DEL PARAÍSO

El Estrecho de la Florida ha servido como un gran cementerio, sus aguas guardan los restos de miles de cubanos. Un caso que conmovió al mundo fue el de una madre cubana, Elizabeth Brotons, quien con su pequeño hijo de cinco años viajaba en una frágil embarcación con el propósito de llegar a Miami. La embarcación naufragaría y de las catorce personas que viajaban en ella, sobrevivieron dos jóvenes y el niño Elián, quien permanecería aferrado a un neumático por cuarenta y ocho horas en un mar a la deriva infestado de tiburones. El niño sería rescatado por dos pescadores un día de Acción de Gracias, fecha de profunda devoción para la nación americana. La madre, Elizabeth Brotons desapareció en el mar, pasando a engrosar la lista de mis compatriotas muertos intentando escapar del paraíso cubano.

La selva del Darién, en los últimos tiempos, ha sido el paso para miles de migrantes cubanos. Los relatos de los que han alcanzado a cruzarla son escalofriantes, muchos se han quedado en el camino durante la travesía. Parafraseando a un patriota cubano, afirmamos que "la cosa sigue". Días atrás supimos de un matrimonio que hizo su travesía por el Paso Texas con un bebé de solo diez días de nacido. Desesperados deben sentirse esos padres para someter a este inocente a un acto tan riesgoso.

Otras formas de escapar se han producido gracias al ingenio de algunos y también a la intrepidez de otros, enfrascados en su afán común de escapar del paraíso comunista. Un día asombró al mundo la hazaña de una joven cubana que llegó metida en una caja de madera con su cuerpo en forma de ovillo, en un vuelo DHL Nassau-Miami, y que milagrosamente salvó su vida después de permanecer encerrada por seis horas. Hubiera podido ser depositada por días en algún almacén donde le hubiera sido imposible sobrevivir.

Otros han probado suerte como polizones escondidos en fuselajes de aviones, como lo haría en septiembre de 1999 Roberto García Quinta, de 47 años, en el tren de aterrizaje de un avión de la compañía aérea italiana Alitalia. Según investigaciones, el fallecido accedió nueve días antes al fuselaje del avión, posiblemente en Santiago de Cuba. Pudo ser identificado el cadáver porque llevaba consigo la documentación y vestía un overall de empleado de aeropuerto. Sería encontrado por un mecánico al abrir el habitáculo de aterrizaje para efectuar pruebas en el motor del avión. En el verano de 1991 los cadáveres de dos polizones cubanos fueron hallados congelados, agarrados a la horquilla del tren de aterrizaje de un avión procedente de La Habana, cuyo destino era el aeropuerto Madrid-Barajas.

Mucho sufrimiento ha provocado a los cubanos la estadía del régimen que comenzó fusilando sin ningún proceso legal, y arrancando propiedades a los que habían generado riquezas, con la privación de derechos y el sometimiento a tratos crueles y degradantes a quienes no comparten sus ideas.

# LA OCUPACIÓN RUSA
# Y LA CRISIS DE OCTUBRE

Al quedar vacíos los chalets de mi barrio por la migración de sus propietarios, tiempo después fueron ocupados por unos hombres muy blancos de cabellos rubios y que hablaban de una manera que mi mamá no entendía. Ellos vestían iguales ropas, zapatos y gorras. Andaban deprisa, bajaban y subían de enormes camiones. Escuché decir a mi mamá con tremendo misterio que habían llegado los rusos a Cuba.

Una de las mayores crisis entre Estados Unidos y Rusia fue en octubre de 1962. Se le conocería como La Crisis de los Misiles, y surgió cuando el gobierno norteamericano tuvo conocimiento de que en Cuba se estaban construyendo rampas para el emplazamiento de ojivas nucleares de alcance medio. Este conflicto que puso al mundo al borde de una conflagración mundial se resolvería afortunadamente de manera diplomática. El presidente ruso Nikita Jrushchov y el presidente estadounidense John F. Kennedy negociarían de manera secreta el desmantelamiento de las rampas misilísticas instaladas en Cuba, a cambio de la garantía que ofreció el gobierno americano de no realizar ni apoyar una invasión a la isla.

El presidente ruso excluyó de las conversaciones al líder cubano Fidel Castro, dado su carácter belicista. Habría que recordar a las nuevas generaciones de cubanos la forma despótica e irresponsable del gobierno de La Habana cuando compulsaba al gobierno ruso a asestar el primer golpe nuclear a los Estados Unidos, obviando las consecuencias que se derivarían para la población cubana ante un acto tan irresponsable. De manera que, de haberse producido la guerra, pocos se hubiesen salvado y los primeros en desaparecer hubiesen sido los cubanos. Y allí, en mi barrio, acamparon los soldados rusos durante un tiempo que no logro precisar. El Estado Mayor de la base rusa se ubicó en la mansión de los McFarland. Por ironía del destino yo viví en medio de una base militar rusa. Por esta razón creo que, si hubiese finalmente ocurrido la confrontación bélica en aquel entonces, lo más probable es que mi familia y yo hubiésemos sido de los primeros en ser borrados del mapa. Entiendo que Fidel Castro debió pedir disculpas al pueblo cubano y a mi familia en particular antes de haberse marchado al infierno, por haber arriesgado nuestras vidas.

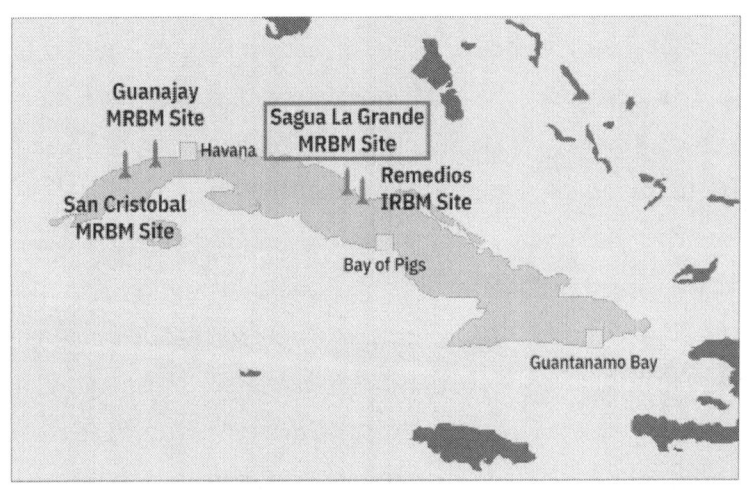

Missiles soviéticos emplazados en Cuba

Emplazamiento de missiles soviéticos en Sagua la Grande

## MI PADRE SE QUEDA CON NOSOTROS

Pasaban muchas cosas y entre tantas, un día vi a mi papá muy temprano tomando café en mi casa. Colar café en la mañana fue una de las costumbres que mi mamá arrastró de mis abuelos y la pasó a sus hijos sin remedio. Así pasaba en la mayoría de los hogares cubanos hasta que llegó la desagradable libreta de abastecimientos. En ese entonces aún no estaba, ella vendría poco tiempo después. A partir de ese día mi padre se quedaría entre nosotros y tomaría el control de las cosas que en casa resultaban duras para mi mamá. Con machete en mano, fue despejando la hierba que había crecido a sus anchas por todo aquel patio, y en mis sueños infantiles imaginaba a mi papá cultivando los girasoles y rosas que tanto me gustaban en todo el frente de mi casa, como el de los gallegos que vivían cerca de la salida al pueblo. Mis hermanos y yo debíamos pasar por su frente rumbo a la escuela cada día del curso escolar. Me enfrascaba entonces en la tarea de llevar flores al busto de yeso blanco de Martí, que nos esperaba a la entrada del colegio. La única manera de poder cumplir con ese empeño era metiendo mi mano por la malla de la cerca de perle y arrancar de un tirón las rosas cultivadas devotamente por aquella pareja de viejitos de aspecto venerable. Era obvio que debía sufrir los aguijonazos de las espinas de las rosas al arrancarlas. Cometer este vandálico acto de mi inocencia, tenía el precio del pinchazo en mi carne y mi conciencia hasta estos días que pienso en el enfado que debo haberles causado cuando ellos se percataban que faltaban sus rosas del jardín.

Pero el jardín de mis sueños se alejaba cada vez más de mi casa. Mi papá se empeñó en sembrar plátanos y gandules. Yo estuve a punto de la perreta reclamando mi jardín. Mi padre, mirándome fijamente, con expresión más enfadada que la mía y sacando una voz grave del fondo de su garganta, me dijo:

—Sobrevivencia, de eso se trata, ¿prefieres rosas o comer? Sembrar los gandules y los plátanos nos va a ayudar cuando se acaben el arroz y los frijoles en la bodega.

No entendía muy bien la disyuntiva que planteaba. ¿Por qué cambiar rosas por plátanos y gandules?

El futuro se encargaría de dar la razón a las premoniciones de mi padre. Todo escaseaba en el país y empezaron las terribles restricciones de alimentos, ropas, en fin, escasez total.

## LLEGADA DEL RACIONAMIENTO

Mi mamá llegó un día con una libreta pequeña color papel cartucho, en su portada se podía leer las letras negras que decían "Tarjeta de Abastecimiento", aunque en realidad debió llamarse libreta de racionamiento. Las páginas de esa endeble cartilla llevarían un control férreo sobre la vida de los cubanos dentro de la isla. En la libreta de la comida, como popularmente se le ha llamado, se describe el tipo de alimento y las cantidades que debe consumir por mes cada ciudadano. Los bodegueros, como llamamos los cubanos a los empleados de los establecimientos, debían escribir en la cartilla la cantidad y la fecha de lo que el cliente se estaba llevando a casa en ese momento.

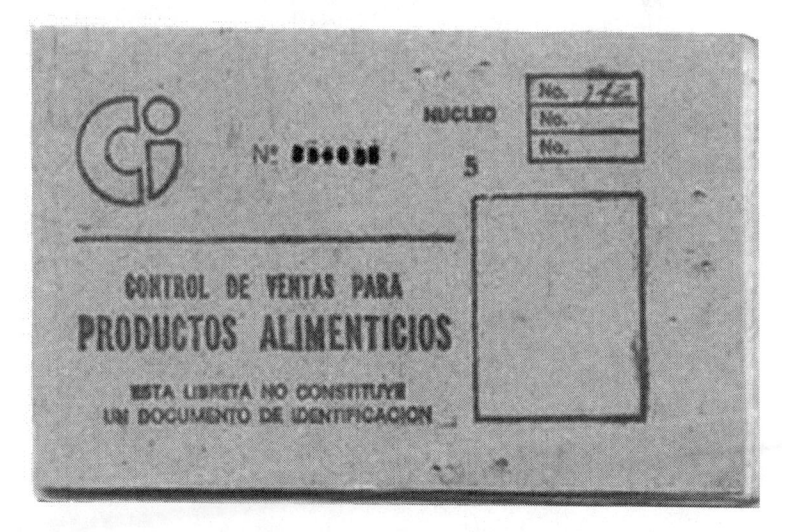

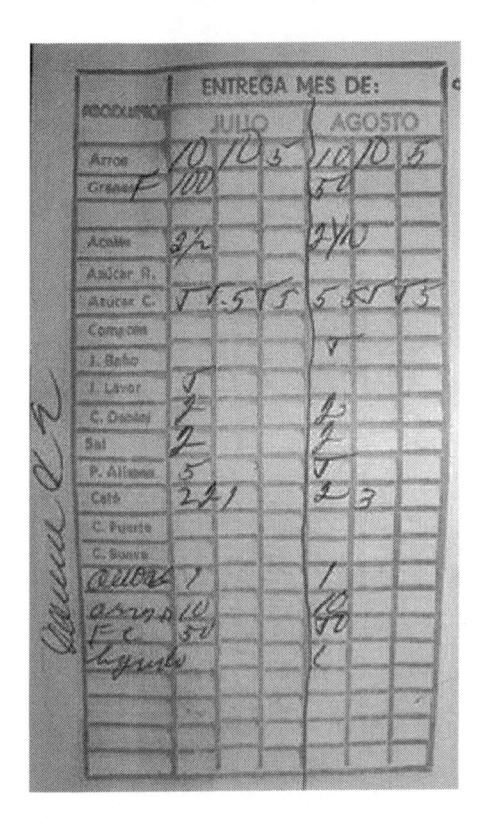

La libreta de la comida sirvió también como documento con ciertos poderes legales. En sus páginas centrales se relacionaban con nombre, apellidos y edades, a los componentes del núcleo familiar, y en la oficina principal llamada Oficoda los ciudadanos debían acudir para reportar la llegada de algún nuevo componente del núcleo o dar baja en caso de cambiar de domicilio o fallecimiento y también registrar los nacimientos. Cuando alguno o la familia decidía emigrar legalmente, una semana antes debía acudir a esa oficina para darse de baja de la libreta, esto era un requisito indispensable también para poder salir del país.

Así que pasaban una semana sin tener acceso a la venta miserable de alimentos que ofrecían, un castigo más para los que, queriendo emigrar, los señalaban como enemigos de la revolución.

Otra facultad que poseía la libreta de la comida era que si el Jefe del Núcleo Familiar quería deshacerse de la presencia de algún pariente, y este pariente no deseado constaba en la relación de consumidores del hogar, las disposiciones lo respaldaban para la estancia en la casa. El Jefe del Núcleo Familiar tenía que aceptar su permanencia, aún en contra de su voluntad. Comérselo con papas fritas, se diría en buen cubano.

## Sobreviviendo a la escasez

Volviendo a los proyectos agrícolas de mi padre, recuerdo que no logró su cometido con la siembra de los gandules. Ellos no conquistaron el gusto de la familia, la preferencia por los frijoles negros resultaba insuperable. Sin embargo, los plátanos burros que sembró fueron todo un éxito y la tabla de salvación para la familia a la hora de comer, cuando se cumplió lo que mi padre había anticipado, no alcanzaba la comida hasta final del mes. Lo poco que se distribuía por la cartilla de racionamiento cubría apenas quince días de mal comer.

Los plátanos, la mayor parte del tiempo mi mamá los cocinaba hirviéndolos. Ella se ponía de humor terrible cuando notaba que le quedaban unas escasas líneas en su reserva de aceite o unas pocas cucharadas de manteca en la lata que destinaba a estos menesteres. Plátanos fritos, chicharritas y tostones, era la manera que más nos gustaba, pero mi mamá se negaba porque se consumiría la cuota asignada para el mes.

Mi papá hizo después una cría de chivos que me resultaron simpáticos hasta el momento que empezaron a excretar por todo el patio. La idea de criar chivos en realidad vino de mi madre, agobiada por la intolerancia a la leche de vaca que padecía Gabi, el más pequeño de mis hermanos. Algunos aconsejaron a mi madre que lo debía alimentar con leche de chiva. La barriga que tenía mi hermano parecía un globo. Era un bebé feo sin remedio, aunque mi hermana y yo repetíamos muchas veces que era lindo, un cierto tipo de consuelo en medio de la angustia de mi mamá al verlo desmejorar con sus constantes diarreas.

En las mañanas, mi mamá exprimía las ubres de las chivas, pero las chivas se empeñaban en no dar gota de leche, si daban algo creo que era lástima. Todo apuntaba a que las chivas se habían declarado en paro. En ese impasse, las diarreas aparecieron en las cabras hasta diezmar la cría completa. Fue como si mi hermano les hubiera transmitido el mal suyo.

Coincidentemente, la leche fue regulada en todo el país. Desde una oficina gubernamental decretaron que hasta los siete años de edad los niños debían tomar leche, después de los siete años tendrían que olvidar que la leche existía.

A pesar del fracaso con la cría de los chivos, mi papá no se dio por vencido. Él tenía un pensamiento tenaz, centró entonces su esfuerzo en la cría de pollos. Para comenzar este nuevo proyecto, se iba a la estación de trenes del pueblo a esperar por la llegada de campesinos que traían las aves atadas por las patas, colgando como racimos de plátanos. Por desgracia para los animalitos, las organizaciones que velan por el maltrato animal no funcionaban en la isla en aquel entonces y tampoco ahora. Los caballos se caen muertos en las calles por falta de alimento y exceso de carga, por citar un ejemplo. Sería ridículo que en un país donde no se respetan los derechos humanos, se protejan los de los animales, aunque ojalá que así fuera.

En el negocio de los pollos los guajiros no vendían su carga por dinero, sino que hacían trueques por ropas, zapatos y otros enseres que habían desaparecido de los mercados. En casa debíamos desprendernos de todas estas cosas aun necesitándolas, porque primero sería comer, según la premisa de mi padre.

No resultó nada fácil hacer crecer la cría. No había pienso para alimentarlos y en casa las migajas sobrantes del pan tampoco serían suficientes.

*Mi padre y su frustración*

A pesar de las carencias materiales, los atardeceres pasaban apacibles por aquellos años con mi familia. Casi cayendo la noche, sacábamos los taburetes al patio y nos recostábamos a la pared de la casa. La tertulia gozaba de cierta magia cuando nos llegaba la brisa del mar cercano y podíamos contemplar un sol rojo como llamarada que se escondía lentamente tras el follaje de los árboles. Los pájaros rezagados marcaban el cielo con su vuelo aprisa en busca de sus nidos, presintiendo el oscurecer cercano. Ya entrada la noche, aparecía un cielo de terciopelo negro pinchado de tachuelas brillantes. Mi papá nos mostraba las constelaciones y nos contaba sobre la existencia de un lugar maravilloso llamado NASA que se ocupaba de estudiar las estrellas. Yo a veces quedaba con más dudas que cuando empezaba su relato, pero de todas maneras creíamos en su sabiduría.

Era el afán de mi papá informarse de los avances de la tecnología. No sería raro verlo encorvado, con su oído pegado a un radio pequeño que teníamos en casa. Escuchaba asiduamente la estación radial La voz de las Américas que el gobierno de Cuba calificaba de subversiva. Resultaba peligroso para los cubanos escuchar esa emisora; pero teníamos el privilegio de sintonizarla con facilidad, dada la cercanía que geográficamente teníamos con los Estados Unidos. El pueblo de nosotros estaba a unas pocas millas del mar, en el Centro Norte de Cuba. Solo que el sonido agudo y constante que emitía esa estación representaba un peligro inminente si alguna autoridad o colaborador del gobierno lo escuchaba saliendo de una casa.

Cuando mi papá empezaba con algunos de sus cuentos le ponía emoción a la voz, dándole un cierto tono de solemnidad a sus palabras para inspirar respeto a la narrativa. Nos contaba algunas vivencias de su niñez y la tensa relación que había mantenido con su padre, un español venido

a la isla de Cuba desde Galicia siendo un adolescente. Supongo que por el rigor que mantenía sobre sus hijos este español aplatanado, fue que mi papá derivó en un joven de carácter rebelde. Uno de sus cuentos sería cuando, a sus catorce años, un capitán de navío lo tomó como grumete en su embarcación. Fue un tiempo en el que se sintió a sus anchas. Por siempre amó el mar, y en su narrativa estaban presentes anécdotas de pescas, barcos, tormentas, pero nunca se refirió al Pequod y a su capitán Ahab de la Moby Dick. Al parecer no tuvo tiempo para afanarse en la literatura de los grandes, aunque él viviría intensamente cada día de su vida. Ese capitán le daría la oportunidad de ser feliz. Lo alejó de las discordancias con su padre, aunque no duraría por mucho tiempo su felicidad. Desobedeciendo al capitán se lanzó al mar un día para nadar y casi le cuesta la vida. Esa acción bastó para que el capitán lo devolviera a su casa. Lo positivo de estas vivencias en el mar fue que le acumularía experiencia que podría servirle de mucha utilidad en el futuro.

Cuando Cuba se encontraba inmersa en plena ebullición revolucionaria para derrocar al gobierno del General Batista, mi padre rondaba los veintiséis años. Muchísimos jóvenes de su generación se incorporaron en aquel entonces a la lucha urbana, agrupados en diferentes movimientos. Otros marcharon a las montañas, engrosando las filas insurgentes. Ni corto ni perezoso, mi papá subió a las lomas del Escambray, al Centro de la isla. Le escuché hablar en repetidas ocasiones de su jefe, el Comandante William Morgan, un norteamericano que se incorporó a la lucha insurreccional y después fue parado frente a un pelotón de fusilamiento por órdenes de Fidel Castro.

Los relatos de su tiempo en la guerra resultaban apasionados. Para patentizar su historia, nos acercaba su frente, y si era preciso nos agarraba los dedos para que con el tacto sintiéramos unos bultos que tenía debajo de la piel de su cabeza.

—Toca aquí, toca aquí, esos son fragmentos de metralla que aún tengo dentro de mi piel.

Yo cerraba los ojos y apenas rozaba la parte de su sien afectada, pensando en el dolor que le ocasionaría si ejercía alguna presión sobre los bultos.

Cuando los rebeldes con los que se involucraría mi papá bajaron victoriosos de las lomas, él fue a parar a La Habana, directamente a La Cabaña. En ese lugar los rebeldes, que ya se habían hecho del poder, pasaron por las armas a muchos cubanos, fusilándolos sin justo juicio por orden del gobierno dirigido por Fidel Castro, y una de las figuras propulsoras de estos crímenes fue el argentino Che Guevara. Ernesto Che Guevara, el "Carnicero de la Cabaña". No en balde le colgarían el depreciable alias, su adicción al crimen lo confirmaba él mismo con sus palabras. En 1957 escribiría a su primera esposa: "estoy en la manigua cubana, vivo y sediento de sangre". Más adelante, en artículo escrito para la Conferencia Tricontinental, diría lo siguiente: "el odio como factor se lucha, el odio intransigente al enemigo, que impulsa más allá de las limitaciones del ser humano y lo convierte en una efectiva, violenta, selectiva y fría máquina de matar".

Che Guevara dirigió la Comisión Depuradora para el proceso de los fusilamientos. Este proceso se regía por la Ley de la Sierra y él fusilaba por la convicción de que todos los acusados eran asesinos. En la Cabaña se fusilaba de lunes a viernes, no había compasión alguna para ningún acusado, su orden sería: "ante la duda, mátalo". Las ejecuciones fueron responsabilidad directa del Che Guevara.

Cuando empezaron los fusilamientos mi papá pidió inmediatamente la baja del ejército, hasta ahí había llegado su apoyo a la revolución.

Él nos contaba del impacto emocional que sintió cuando lo mandaron a cubrir con aserrín la sangre de los primeros fusilados. Se enfrentaría a su capitán pidiendo la licencia del ejército para salirse. Lo encerraron en un calabozo como respuesta. Después de todo tuvo suerte, fueron pocos los meses que lo mantuvieron preso en ese entonces, pero tiempo suficiente para que de por vida odiara la causa por la cual se había enfrentado a las balas.

Tiempo más adelante, mi papá y mi madre empezaron a exteriorizar sus sentimientos en cuanto al desarrollo de los acontecimientos en el país. En tono bajo, rumiando rencores, aumentaba día a día el rechazo hacia el gobierno y su revolución. Escuchaban los dos las radioemisoras del norte, al igual que la inmensa mayoría de la gente del pueblo. El malestar de los ciudadanos se generalizaba. Casi todos los de mi pueblo no despegaban sus oídos de los aparatos de radio para escuchar las noticias, la llegada de los cubanos por los "Vuelos de la Libertad" y también las radionovelas. Las fuerzas represivas del gobierno revolucionario tenían que hacerse algunas veces de la vista gorda porque, si aplicaban la represión por escuchar emisoras subversivas, no iban a tener espacio suficiente para poner presas a todas las mujeres del pueblo, asiduas escuchas de las novelas con las que, al menos por algunos minutos, evadían la realidad que estaban viviendo.

### Mis padres planean cambiar el rumbo

Yo también empezaría a dejar de ver a muchos niños de mi clase y de mi escuela, como había pasado con los de mi barrio. Comenzó un éxodo interminable e imparable de cubanos hacia Estados Unidos, hacia España y también para Venezuela.

En mi casa, entre mis padres se sentía un ambiente conspirativo. Ellos estaban construyendo planes a futuro. A mi papá se le notaba amargado. Caminaba pensativo ladeando la cabeza con las manos metidas en los bolsillos, como si no encontrara respuesta a sus dudas. Después pasó un tiempo largo que faltó a casa y a mí me intrigaba el silencio de mi madre.

Recibimos una mañana la visita del hermano de mi papá, su único hermano varón, las otras dos serían mujeres. Él trabajaba para el gobierno cubano en asuntos de la seguridad interior. Mi papá y su hermano fueron antagónicos desde niños y el antagonismo continuó en la adultez.

Dos hermanos que rivalizaban por tener dos visiones políticas diferentes, y esta sería la causa de la división definitiva, como ocurrió en muchas familias cubanas. El sistema imperante hacía ver como enemigos a cualquier ciudadano, amigo o familiares que no apoyaran la revolución. Así veríamos familias renegar de cualquier miembro que emigrara de Cuba y sobre todo para Miami, ciudad donde se establecerían los cubanos emigrados que, en gran medida, adoptaron un exilio militante en la lucha por la restauración de la democracia en la isla.

Mi tío traía un mensaje alarmante. Tomando asiento en uno de los taburetes de nuestras tertulias, con cara de pocos amigos, rechazó de cuajo el café que mi mamá siempre les brindaba a las visitas.

—Belén, le dijo de sopetón a mi mamá, —te vengo a decir que Pepe está preso, lo tienen en la Seguridad del Estado de Santa Clara. Tendrías un chance de verlo porque le darán visita de una hora mañana.

—¿Qué fue lo que pasó? ¿Por qué lo tienen detenido? preguntó seguidamente mi mamá con el rostro crispado de la emoción.

—Intentó salir ilegalmente del país por la Isabela, respondió con sequedad mi tío político.

Isabela es un pequeño pueblo al estilo Venecia, con sus casas montadas en pilotes sobre el mar, exactamente en la Costa Norte de Cuba. Por su proximidad al territorio de Estados Unidos, este serviría como punto de salida a muchos emigrantes cubanos. En el futuro, a este pueblo le cambiarían el nombre de la Venecia de Cuba por el de Pueblo Embrujado. Cada día aparecían casas donde sus habitantes desaparecían hasta quedar el pueblo prácticamente vacío. Los isabelinos escapaban de la isla en botes, lanchas, y cuando ya no quedaba ninguna embarcación para hacer la travesía de las noventa millas, fabricaban balsas con cámaras de camiones o tractores y se echaban al mar buscando llegar a tierra de libertad.

Una de las razones por las que la gente se aferraba a la sintonía de las emisoras del norte, era escuchar la relación de nombres de los que escapaban a diario de la isla y tenían éxito en sus peligrosas travesías. No todos alcanzarían la orilla de la libertad.

Tensa y breve fue la visita del hermano de mi padre. No volvería por casa durante el resto del tiempo que vivimos en ese pueblo. Creo que nos agregó a su lista de enemigos desde entonces.

### Las visitas a las prisiones

Lo que recuerdo fue nuestra visita a un lugar llamado Seguridad del Estado de Santa Clara. Mi papá apareció tan o más flaco que nunca y un guardia permanecía parado muy cerca escuchando la conversación que sostenían mis padres.

Pasado un tiempo de nuestra llegada al lugar, mi mamá pidió permiso al guardia para que me dejara usar el baño que nos quedaba bastante cerca del banco y la mesa donde nos sentamos para la visita. El guardia tuvo que desbloquear el candado de la puerta del baño que operaba con cierre tipo caja de bala. Una vez abierta la puerta, me entregó el candado y yo lo coloqué sobre el tanque del inodoro. Sentía un enojo tremendo al ver a mi padre con aquella ropa extraña y sin poder acercarse a nosotros. Él debía permanecer del otro lado de la mesa con las manos sobre ella sin poder abrazarnos, y ese torbellino de sentimientos hizo aflorar la rebeldía en el niño que era yo. Fue así como decidí en segundos lanzar el candado al fondo del inodoro. Cuando salí, el guardia me pidió el candado para cerrar la puerta nuevamente. Yo estaba espantada de miedo, pero ya lo había hecho, le dije sin rubor alguno que se me había caído en el agua. El guardia hizo que metiera mi mano y lo sacara. Nunca olvidaré la sensación de asco y la humillación que me hizo sentir ese guardia. Pero ese sería mi primer acto de rebeldía en solidaridad con mi padre.

Fueron las visitas posteriores a diferentes cárceles, la prisión de Manacas y de Ariza en Cienfuegos, Las Villas, como se llamaba la provincia del centro en aquel entonces según la división político-administrativa de la isla.

A mi papá lo mantenían vistiendo el uniforme gris dentro de la prisión. Durante las visitas nos contaría con admiración que había unos presos que se negaban a vestir el uniforme gris, el mismo que usaban los presos comunes. Ellos estaban presos por no apoyar la política del régimen, por tanto, se plantaron ante el sistema carcelario, que sería lo mismo que enfrentarse al régimen. Estos serían por siempre los presos políticos plantados.

Los Plantados fueron los hombres puestos en prisión por el régimen de Cuba desde el principio de la revolución. Ellos tuvieron la visión del rumbo equivocado que tomaba, muy lejos de los sueños y principios por los cuales muchos de ellos habían luchado. Se negaban a llevar el uniforme de los presos comunes, reclamando con justicia su lugar como presos de conciencia. Uno de sus pilares, Ángel de Fana, hasta los días de hoy mantiene su lucha de principios en todos los frentes contra la dictadura de Cuba, que tantos años lo mantuvo en prisión. Él padecería en carne propia su dolor y el de sus hermanos de causa.

Llegar hasta la prisión donde tenían preso a mi padre significaba cansancio y sacrificio para nosotros. Sus familiares, al parecer debíamos pagar el precio de su desobediencia al régimen. Mi mamá, mis hermanos y yo, debíamos salir de casa el día anterior a la visita y dormir en el piso de terminales de ómnibus o de trenes, a veces con calor pegajoso que nos desesperaba y casi siempre faltaba el agua hasta para lavarnos las manos. Otras veces, con la llegada del frío, no teníamos apenas para cubrirnos.

De todas maneras, ver a mi papá en prisión nos entristecía, pero nos animaba a la vez, y entre visitas y visitas transcurrieron alrededor de casi cinco años.

### Ganar el sustento de la familia, acción negada a los disidentes

Un día por fin mi papá apareció en casa, le habían dado la libertad. Seguía siendo el hombre de andar ligero y de criterio firme. No encontraba trabajo con facilidad después de su salida de la prisión. El régimen se encargaría de bloquear las oportunidades de trabajo a los que disienten y esa política discriminatoria continúa hasta hoy. Para acceder a una posición de trabajo, los aplicantes debían redactar una especie de cuéntame-tu-vida, currículum arbitrario y discriminatorio, que influye y determina la aceptación del solicitante para obtener una posición de trabajo. Lo primordial sería su integración política. Las administraciones, todas pertenecientes al estado cubano, no tienen en cuenta la capacidad, los conocimientos de los aplicantes. Con la toma del poder por los revolucionarios se perdería por completo el concepto de meritocracia en mi país. Ineptos ocuparían cargos hasta en altas posiciones del poder en el gobierno. Un ejemplo fehaciente fue el nombramiento de Ernesto Che Guevara como director del Banco Central, Director del Instituto Nacional de Reforma Agraria y también ministro de Industrias, cuando a lo sumo obtuvo en su vida un título de enfermero por la Argentina, como he escuchado decir. Una de las razones que justifica el desastre económico de la isla.

Aunque no conseguía empleo, porque todos los empleos pertenecían al gobierno, en la prisión mi papá había aprendido a hacer hebillas de pelo para las mujeres. Sería tan diestro en la fabricación, que en algún momento las confeccionaría casi en serie. Con esa producción se iba hasta las casas de los campesinos y las cambiaba por comida. Así logramos sobrevivir la escasez por un tiempo después de su salida de la prisión. A la vez, tomaría un curso de mecánica automotriz de modo autodidacta, aprendió apoyándose en un libro que repasaba constantemente. Acá en Miami, muchos años después, quería enseñarme lo que era un árbol de leva y otras cosas sobre la mecánica de los carros, pero a mí siempre me resultaría muy abstracta su conversación en ese sentido y me entrarían por un oído y saldrían por el otro sus enseñanzas automotrices. Finalmente, pudo trabajar en un taller de reparaciones de autos donde el administrador era amigo suyo, y le fue bien. En el exilio ya, mi padre me contaba que su mayor interés en la mecánica consistía en aplicarla en caso de que la embarcación que se llevaron hubiese necesitado repararse.

# MI PADRE RUMBO AL NORTE Y EL RESTO DE LA FAMILIA A LA CAPITAL

En casa mis padres discutían con frecuencia. Mi padre se enfrascaba en su proyecto de libertad. Las inseguridades de mi madre tornaban el ambiente denso, añadiendo las necesidades básicas que padecíamos. Esos factores nocivos quizás fueron minando la relación entre ambos. En una de las tantas peleas mi papá se fue de la casa y no volvimos a saber de él por mucho tiempo. Mi mamá, mis hermanos y yo, nos iríamos a vivir a La Habana después de la partida de mi padre. Posteriormente, nos enteraríamos de que mi papá había robado al régimen una embarcación y que, junto a un viejo amigo suyo, había logrado llegar a Estados Unidos. Así pasaron años en los que mis hermanos y yo habíamos entrado a la adultez. Mi hermana en ocasiones visitaba el pueblo de nuestra niñez con la misión de encontrar el rastro de mi padre en el Norte. Finalmente, visitando a una de nuestras tías políticas, lo consiguió. Mi hermano Gabriel había sido llamado para cumplir el servicio militar. Como joven, no pasaba inadvertido para el régimen. Y muy joven aún, mi hermana dio a luz a su primera hija. Yo luchaba por continuar estudiando, a la vez que trabajaba como dibujante para colaborar con la manutención de la bebé de mi hermana y de nuestra casa.

Y nos sorprendió abril de 1980. Unos jóvenes irrumpieron con un ómnibus en la Embajada de la República del Perú en La Habana. No pasó mucho tiempo para que miles de cubanos, de todas partes de la isla, acudieran en busca de refugio. Fidel Castro, en acto de soberbia, diría públicamente que todos los que desearan irse de Cuba podían acceder a la embajada, y les aplicó a la manera hitleriana los despectivos de gusanos y escorias a los aproximadamente diez mil cubanos que en veinticuatro horas se atrincheraron en el patio de la sede diplomática. Luego, se vería precisado a desplegar sus fuerzas represivas para controlar el flujo de ciudadanos que querían escapar por esa vía. Se equivocaba el tirano, el pueblo no lo amaba como él lo imaginaba o le hacían creer.

Este hecho marcaría para siempre mi vida. En horas de la noche del 3 de abril de 1980 mis dos hermanos, con una pequeña niña de dieciocho meses y dos jóvenes vecinitas de mi cuadra, formaron parte de esa odisea.

## *Un tiempo infinitamente largo y doloroso*

Mi mamá y yo pasamos días enteros en vilo. No teníamos noticias de mis hermanos, mi sobrina y las vecinas, a pesar de que residíamos bastante cerca de la embajada. El gobierno dio riendas sueltas a los mítines de repudio contra todo lo que oliera a disidencia. El frente de mi casa recibió a la turba enardecida que iba por mis hermanos y por las vecinas. Toda muestra de violencia que ejercieron los aupadores y colaboradores del régimen para mí resulta casi inenarrable. Tendría mucho que decir, pero lamento no tener las palabras precisas que ilustren el horror que se vivió en Cuba por esos días. Me queda la angustia de ese tiempo aún en el recuerdo. Vi cómo arrojaban pintura, piedras, de todo, a los que querían irse de la isla. Desde mi ventana, en vista superior, pude ver a un joven ser perseguido por una turba, los cuales le lanzaban de cuanto Dios crio, le gritaban palabras obscenas ensordecedoras, consignas y lemas revolucionarios como: "¡que se vaya la escoria!", "¡que se vayan los antisociales!", "¡que se vayan los gusanos!". Imagine a Jesucristo en su trayecto a la cruz del calvario, solo que este joven buscaba el camino a la libertad.

Supe de otro joven a quien los oficiales de inmigración, para darle el permiso de salida, lo obligaron a ir a su centro de trabajo a pedir la renuncia, mientras las turbas convocadas lo esperaban alrededor de la oficina del director. Este a su vez salió y le abofeteó el rostro al joven en presencia de la turba complacida que aplaudía. Cuando lo supe, lloré de rabia. No se debió golpear ni humillar a un hombre que no había hecho mal a nadie, por el solo motivo de querer irse del país. Sentiría esa bofetada en mi rostro y recordaría a Martí en uno de sus versos, inspirado en el abuso hacia un esclavo ahorcado por un esclavista, cuando el esclavo pretendía escapar de la plantación. Ese hecho me desgarró y he pensado siempre que quien, aupado por un grupo, cometa abuso contra otro hombre indefenso, no merece pertenecer a la especie humana. Reitero que abusar porque te sientas protegido al hacerlo es un acto despreciable.

Marchas convocadas por el régimen que perseguían aterrorizar a todos los que buscaban la manera de escapar de la isla.

Mi hermana y su hija salieron a pocos días de la Embajada del Perú hacia un hospital pediátrico con un salvoconducto. La niña estaba presentando una fuerte gripa y requería cuidados médicos con urgencia. Dentro del hospital, mi hermana sufrió con saña el acoso de los partidarios del régimen. Le negaban hasta la posibilidad de recostar la cabeza en la cuna de la niña. Si cerraba sus ojos de cansancio, rápidamente una enfermera colaboradora del régimen le tocaba el hombro para despertarla. No le permitían abandonar la sala para ir a comer y bañarse. Al enterarme del ingreso de mi sobrina, acudí al hospital con un magro pedazo de pan con tortilla de huevos que mi hermana apenas probaría, por el débil estado de desnutrición en que se encontraba.

El odio inculcado por décadas a un pueblo carente de información, lo enceguecía y daba por consecuencia su fácil manipulación. Muchos cubanos veían como salvadores a sus verdugos, y como enemigos a los que querían abandonar la isla para llegar a tierras de libertad. En aquellos días aciagos se enfrentarían cubanos contra cubanos. En muchos hogares, en centros de estudios y de trabajo se abriría una gran brecha durante los hechos de la embajada peruana.

En unas escasas semanas, los que penetraron en la embajada comenzaron a recibir refugio por parte de los gobiernos de Perú, España, y un poco más tarde, los familiares exiliados en Miami se lanzaron al mar con sus embarcaciones rumbo a Cuba para rescatar a los suyos. Esta acción pasaría a la historia con el nombre de : Éxodo del 80" o "Éxodo del Mariel".

A pesar del adoctrinamiento, la desinformación y el terror ejercido por el sistema sobre los cubanos, prevalecería el amor, como cuando "desde dentro de los escombros sale volando una mariposa".

### Se dividía nuestro cielo

A menos de una semana mi pequeña sobrina fue dada de alta del Hospital Pediátrico "Pedro Borrás" del Vedado. Mi hermana buscaría refugio en casa de una amiga en San Miguel del Padrón, municipio ubicado al suroeste de La Habana, con el fin de no darles oportunidad de montar el show a los del comité del barrio donde vivíamos, que eran los organizadores de las turbas violentas y estaban al tanto del regreso de mis hermanos. Pasaron pocos días cuando se personaron en casa un par de agentes del Ministerio del Interior para llevar a mi hermana a un centro llamado "Gerardo Abreu Fontán" en la playa de Marianao, pues según los agentes ya había una embarcación dispuesta a trasladarla a La Florida. De todas maneras, lanzaron su ultimátum para no dejar pasar la oportunidad de coaccionar a los indefensos:

—Si no se presenta hoy ¡que se olvide de la salida!

Casi milagrosamente hice contacto con mi hermana, le dije:

—¡Corre para acá con la niña, que los segurosos del Minint vinieron buscándote para la salida y dijeron que si te demorabas en presentarte te van a suspender la salida!

A pesar del pésimo servicio del transporte en La Habana, mi hermana voló el camino, como decimos los cubanos cuando alguien llega con rapidez a una cita. Afortunadamente esto ocurrió en horas de la mañana, no dimos tiempo a que las turbas del gobierno organizaran su show represivo. Mi hermana apenas agarró una botella con agua del grifo. Yo tomé a la bebita en mis brazos diciéndole:

—¡Corre tú delante y trata de que los del comité no te vean! Yo iré detrás, nos encontraremos en la parada de la sesenta y cuatro.

Aunque por calles diferentes, una delante y otra detrás, coincidimos en la parada de la guagua que paraba precisamente frente al Fontán. El ómnibus, gracias a Dios, no demoró en esa ocasión. Cuando subimos a él y siguió su ruta, respiramos profundo. Habíamos burlado el cerco de los represores por el momento. No pasaron minutos en que la bebita comenzó a llorar reclamando su chupete, pero ¿qué hacer si no era posible el retorno?

Dejé a mi hermana y a la niña bajo el sol intenso de esa mañana, frente al centro donde congregaron a los que ya estaban prestos a salir para el exilio. No recuerdo si fue con un abrazo largo o corto, pero mientras se alejaban, un nudo asfixiante apretaba mi garganta. Recordaba como un martilleo constante en mi cabeza que el tirano había sentenciado:

—¡No tendrán regreso, aquí no volverán!

¿Y cuándo y cómo volvería a verlas? ¿Es que tendría que asumir en ese momento que ya jamás volveríamos a vernos? ¿Debía asumir que nos habíamos muerto?

Regresé a casa, donde me esperaban mi madre y sus angustias, angustias mías y suyas, de las dos, que compartíamos un cielo que se nos dividía. No teníamos noticias de mi hermano, él había quedado atrapado en la Embajada del Perú.

¿Qué podría suceder en los días siguientes?

A los veinte días de permanecer refugiado en la Embajada del Perú le fue dado un salvoconducto a mi hermano, al igual que le habían dado a mi hermana, las vecinas, y a todos los que se habían refugiado en la sede diplomática. Les aseguraron que nada les pasaría, que regresaran tranquilos a sus casas y que serían llamados para la salida del país en cuanto las condiciones lo permitieran.

Mi hermano regresó destrozado a casa, había perdido peso corporal considerable y su estómago no estaba tolerando ningún tipo de alimento a causa de la inanición que sufrió durante la estadía en la embajada. Nos contaba que en ocasiones se alimentaba con hojas de los árboles del patio de la sede diplomática.

Hubo también cierto receso en la continuidad de los mítines de repudio. Fueron tantos los shows por esos días, que los compañeros enardecidos daban la impresión de haber quedado exhaustos, después de haberle jodido la vida a los que querían escapar del paraíso.

## El secuestro de mi hermano

Una semana después, se presentaron dos agentes del Ministerio del Interior en busca de mi hermano. Vestían ropas de civil. Pararon un auto ruso marca Lada y de color amarillo al frente de mi casa. No fue igual esta visita a cuando se presentaron en busca de mi hermana. Hasta parecían simpáticos o querían aparentar que lo eran. Esperaron que mi hermano se vistiera. En la parte inversa del pantalón yo había escrito las direcciones y teléfonos donde mi hermano podría contactar una vez llegado a la Florida. Pero los esbirros mentían, mi hermano no sería llevado al Fontán. El camino al sufrimiento estaba ya marcado por un régimen abusivamente despiadado. Mi hermano fue llevado al tenebroso edificio de Villa Marista, donde se concentraba la crema y nata de los torturadores de ese régimen. Mi hermano había sido secuestrado por agentes de la Seguridad del Estado Cubano.

Pasó un tiempo largo en que mi madre y yo no teníamos

conocimiento del destino de mi hermano. Él no aparecía en La Florida, ni tampoco en La Habana. Controlar la ansiedad de mi madre fue una de las pruebas más difíciles de afrontar en mi vida. Era una jovencita sin conocimiento en asuntos de psicología, amén de que también estaba sometida a una tremenda carga emocional.

## Mi hermana y su bebita rumbo a la luz

Mi hermana con su bebé, una vez llegada al centro de congregación Fontán, fue llevada al "Mosquito", donde acampaban en barracas los prontos a partir. Se sentía cansada y agobiada según me contaría después. La niña no paraba de llorar reclamando el chupete que había quedado olvidado en casa al momento de la huida, tanto fue así que mi hermana fue llamada a pararse en una fila interminable de personas. Le preguntó al guardia el porqué debía mantenerse en esa línea, no recibiendo respuesta del agente. Una señora le dijo que esa línea era para subir a la embarcación. Ya anochecía y mi hermana pidió al guardia que le hiciera saber dónde podría hacer las necesidades fisiológicas. El guardia señaló a los arrecifes. Los pies de mi hermana se lastimaron con las afiladas rocas en la oscuridad imperante de la costa, pero también escuchó los ladridos de perros y el grito de algún candidato a emigrante que había sido mordido por uno de los perros de los guardias del régimen.

La embarcación "Ivette", que transportaría a mi hermana, estuvo detenida en el Mariel por unos cuantos días. El dueño de la embarcación estaba renuente a zarpar porque le habían llenado la embarcación con desconocidos, y ni uno de los familiares que había ido a buscar le habían entregado. Fue otra de las jugadas malditas del régimen guiada por un cerebro enfermo. Conminaba a los presos comunes en la isla a salir del país o que se quedaran cumpliendo sus condenas. Lógicamente, quien sufría prisión preferiría la libertad y esta fue una las oportunidades doradas que no debían dejar pasar. El cerebro malévolo que dirigía la isla, cargando las embarcaciones con presos por delitos comunes, perseguía demostrar que la explosión migratoria estaba encabezada por delincuentes comunes. La jugada le quedó perfecta, desacreditando a los emigrantes cubanos que buscaban libertad y a la vez limpiando sus podridas cárceles de delincuentes. Pero la verdad siempre alcanza a la mentira. La migración de 1980, los Marielitos, a pesar de haber sido penetrada por verdaderos criminales, llegaron al exilio y demostraron su carácter emprendedor haciendo crecer la ciudad que los acogiera.

A pesar de todo, el amanecer de la libertad proyectando su potente luz, esperaba a mi hermana y a su hija en un puerto de los Cayos de La Florida. Recuerda mi hermana que pisando la tierra prometida sufrió un desmayo. Muchos factores podrían haber influido en el quebrantamiento de su salud para producir este episodio. Recobraría la conciencia tiempo después, sobresaltada, pero respirando con alivio al verse transportada a un hospital y que su pequeña hija permanecía a su lado. Una familia le proporcionó alojamiento y ayuda económica mientras establecía contacto con nuestro padre.

## La solidaridad de un exilio militante

Así de solidario ha sido el comportamiento de los exiliados cubanos en Miami, con corazón grande desbordado en compasión, muy contrario a los descalificativos que Fidel Castro hacía creer a los cubanos de la isla y al mundo.

Los primeros exiliados salieron de la isla tras haber sufrido confiscaciones de fábricas, inmuebles, empresas, otros el fusilamiento de familiares. Se añadirían también los que cumplieron muchos años de prisión aberrante como la padecieron los presos políticos en Isla de Pinos, allí fueron objeto de sádicas torturas. Las lágrimas me sorprendieron una noche cuando escuchaba un programa de radio de la AM, a cargo del gran patriota Tito Rodríguez Holma, desaparecido ya, cuando contaba la manera en que los presos políticos en Isla de Pinos eran obligados a sumergirse en el pantano pestilente llamado la mojonera, manera cruel de exponer la salud física de un ser humano y la humillación atroz de un adversario político. ¡Qué diferencia abismal con los pocos meses que guardaron en prisión Fidel Castro y los asaltantes del Cuartel Moncada!

No obstante, no haber olvidado tanto crimen y sufrimiento, el exilio cubano se muestra tolerante y compasivo con sus hermanos de la isla y precisamente su militancia se debe a ese no olvidar. Ante el desastre moral y económico al que los cubanos de la isla se ven arrastrados, no me canso de apreciar a cubanos de la talla de Lincoln Díaz-Balart, que ha dedicado su vida entera a la lucha por el restablecimiento de la democracia en Cuba; a Santiago Álvarez, que ha puesto su corazón y bolsillo a disposición de los presos políticos cubanos y sus familiares privados de recursos; a Ramón Saúl Sánchez, desvelado por toda circunstancia adversa en su Cuba querida, movilizando al exilio cubano, militante siempre, que se apostó en esta ciudad de Miami para escuchar de cerca los latidos del corazón de la patria moribunda y tratar de revivirla.

## MI PADRE NO NOS HABÍA OLVIDADO

Al igual que el exilio no se olvida de la patria, mi padre no nos había olvidado tampoco. El amor por los suyos lo ayudó a hacerse del valor necesario para tomar una embarcación y rescatarnos del mismísimo infierno, teniendo en cuenta que él había salido de la isla de manera ilegal y con una embarcación robada al régimen. Esos antecedentes resultaban muy peligrosos para osar regresar a Cuba. Pero él pudo burlar el control del régimen y entró por el Mariel.

Quizás, debido a la desorganización imperante en la isla por ese tiempo, le favorecería para que las autoridades del régimen pasaran por alto la historia pasada de mi padre, el rescatista.

Esa vez pudo llevarse en su embarcación a mi mamá. Mi hermano quedaría en la prisión precisamente por querer escapar, y yo quedé a su lado como apoyo. No obstante, le llenarían el barco a mi papá con otros cubanos. Él siempre quedaría satisfecho por haber podido ayudarlos llevándolos en su barco para el otro lado, el de la libertad.

—¡Ayudé a treinta cubanos a ser libres! Se le escuchaba decir con frecuencia.

Tuve que reprimir esa expresión que le ensanchaba el pecho cuando la expresaba. ¿Cómo podría demostrar la bondad del alma y el sentimiento patriótico, cuando interrogado por algún oficial de inmigración, se lo contara? Seguramente lo hubiesen acusado de tráfico humano, cuando sin cobrar un centavo aceptó desconocidos en su barco porque querían ser libres.

**Mi madre parte en "La Tormenta" y mi hermano queda en la prisión**

Semanas después de la partida de mi hermana con su hija y la supuesta salida de mi hermano, dos hombres, uno de estatura baja, de piel muy curtida, del otro no recuerdo nada, se personaron en mi casa, no muy entrada la noche. Los hombres nos informaron que había una embarcación en el puerto de Mariel que nos reclamaba para salir de la isla. Mi mamá respondió sobresaltada, alegando que era imposible que mi hermano se presentara porque ya él había salido de la isla semanas atrás.

Para ese entonces yo tenía conocimiento de la situación de mi hermano, pero di largas al asunto haciendo silencio y esperando el mejor momento para contarle a mi mamá que a mi hermano lo habían llevado a prisión en lugar de la salida del país como sus secuestradores nos hicieron creer. En una litográfica cercana a mi casa, en la que yo no me había fijado mucho, trabajaba un joven que se me acercó una mañana de manera un poco misteriosa; pero así de grande es Dios y a veces de donde menos uno cree saca a un misionero. Con la cabeza ladeada y cara de compasión, metió su mano en el bolsillo y de uno de ellos sacó un papelito un tanto sucio y arrugado. Me habló en tono muy bajo diciéndome que tenía un hermano preso en el Combinado del Este y que mi hermano era su compañero de celda. En la visita pasada que le hiciera a su hermano, le daría el papel que en ese momento me entregaba. ¿Hasta dónde se podría sentir alivio en medio de una desgracia? Esa realidad terriblemente dura tocaba mi vida. Mi hermano querido no había perecido en la travesía del Estrecho de La Florida y esa fue la angustia perenne por muchos días al no tener noticias de él después de buscarlo en todos los centros que recibían cubanos en Miami llegados por el Mariel. Ese era el alivio que me proporcionaba en ese momento en que me llegaba la evidencia de que estaba vivo. Por otra parte, me embargaba una rabia tremenda. Aquellos hombres que se presentaron en mi casa meses atrás con el pretexto de conducir a mi hermano hasta el centro de migración Fontán, en realidad lo habían secuestrado.

En la nota que me entregaría el joven de la litográfica, mi hermano me decía que lo tenían preso en el Combinado del Este y la fecha de su primera visita en prisión.

No le hice saber a mi mamá sobre la reclusión de mi hermano. Me frenaba un temor inmenso darle esa noticia. Resolví, pues, para mejor manejo de la situación familiar, que mi mamá se presentara en el Fontán, el mismo lugar donde concentraron a mi hermana para que saliera de Cuba. La embarcación que guiaba mi papá se llamaba "La Tormenta" y le aplicaron a él la misma maniobra extorsionista: te doy a algunos de tus familiares, pero tendrás que llenar la embarcación con otros cubanos.

Llevé a mi mamá al encuentro con la libertad, suplicaba que me fuera con ella, yo le daba mil excusas por lo que no podía hacerlo en ese momento y no lograba convencerla. Lloró con llanto entrecortado, vi su rostro suplicante y yo mordía fuerte mis labios para no contarle la verdad. La abracé muy fuerte, escondí mi rostro en su pecho, el refugio donde encontraba amparo cuando, siendo pequeña, sentía temor por algo. En un momento me dijo que la llevara de regreso a la casa y que, si no me iba yo, tampoco se iría ella. Le hablé con firmeza con las lágrimas corriendo por mis labios, sintiendo el sabor amargo de las despedidas sin esperanzas. Le di el argumento más fuerte del que disponía:

—Tiene que irse mamá, mi hermana está allá con la niña. Si le pasara algo a ella perderíamos a la bebita para siempre. Mi hermana la necesita más a usted que yo. Por favor, hágalo, vaya usted, nos encontraremos aquí en la tierra antes de llegar al cielo. ¡Tenga confianza!

Mi madre caminó hacia una especie de garita. En algún momento se volteó completamente hacia mí y las únicas palabras que salieron de sus labios fueron:

—¡Hija, cuídate!

La seguí con la vista hasta verla perderse. Dentro de mí hacía la promesa: madre vaya tranquila, mientras tenga fuerzas, estaré con mi hermano por usted, se lo prometo.

No imaginaba cuánto tiempo triste pasaríamos sin abrazarnos nuevamente. Y serían desde entonces dieciséis largos años.

## LA PRISIÓN INJUSTA

Acudí a la visita donde mi hermano estaba preso, el tristemente famoso Combinado del Este de La Habana. Pasé la caseta donde se comunica con los guardias del penal. Después subí al montículo donde estaba emplazada una especie de glorieta dispuesta con una mesa larga. Allí los familiares de los presos depositaban los alimentos y enseres que necesitaba su familiar para que los guardias los revisaran. Los militares, digo, esbirros de la prisión, determinaban qué tipo de alimentos podía pasar y cuál no. Después de los muchos trabajos para conseguir llenar la jaba, muchas veces regresaba con casi la totalidad de lo que había llevado a mi hermano. Paso por alto las humillaciones a que sometían a los familiares de los presos para no caer en la angustia del relato.

Me senté a una mesa con hilera de bancos de hormigón a los lados. Recordaría los de las prisiones anteriores cuando visitaba a mi padre y una tristeza infinita me invadía. Quedaríamos sentados uno frente a otro. Salió con su figura endeble de jovencito inexperto, pálido, con mirada triste. Llorábamos, no podíamos abrazarnos porque la mesa lo impedía y así estaba dispuesto, para que no pudiera haber ningún contacto físico entre nosotros. El resto de los reclusos comunes daban la apariencia de estar disfrutando de un pícnic, y la algarabía que formaban apenas permitía escuchar la conversación entre mi hermano y yo, ¡Y tanto teníamos que contarnos! Parecíamos dos niños extraños en medio de un cuadro desolador.

Le conté a mi hermano que nuestra madre había marchado a Miami para reunirse con mi hermana y su hija. Y también que nuestro padre había hecho la travesía para buscarnos, pero que a él nunca lo tuvieron en cuenta por estar preso, mientras que pusieron en la embarcación a otros presos comunes que nada tenían que ver con la familia.

Comenzó a relatar desde su llegada a Villa Marista. Me dijo que fue puesto en un lugar donde la intensa luz de un spot light no daba oportunidad de saber si era de día o de noche. Un ruido constante venía desde el exterior a todas horas, y las ventanas no eran ventanas en sí porque imposibilitaba la vista al exterior. El spot light, además de luz, trasmitía un calor insoportable que lo hacía padecer sed tremenda. Pediría agua a gritos después de la indiferencia del oficial a su reclamo. El oficial lo embistió con un chorro de agua de manguera y también le inundó el cubículo donde lo habían confinado gritándole:

—¿No querías agua? ¡Ahora hártate hasta que revientes!

Una semana después fue trasladado al Combinado del Este, centro penitenciario de máximo rigor que está situado al este de La Habana. En esa prisión el abuso físico y psicológico está siempre a la orden del día, y por lo general niegan el derecho a la atención médica de los reclusos. La alimentación pésima y escasa.

Sin derecho a defenderse con la asistencia de un abogado y sin poder comunicarse con sus familiares, condenaron a mi hermano y no he encontrado diferencia con la prisión injusta que sufrió el Apóstol —prisionero 113 en las canteras de San Lázaro en 1870— por el delito de infidencia.

Siguió contándome que, en los días de su secuestro en Villa Marista, llegó a la prisión una jueza leguleya acolita del régimen, con un maletín color marrón, y que a él y otro grupo de muchachos que estaban allí presos por la misma causa, les preguntó:

—¿Saben qué traigo aquí?

Todos quedaron en la expectativa, sin contestar la interrogante, luego les dijo:

—Años, aquí traigo años.

Movió el maletín como los músicos hacen música con un güiro y mandó a que, uno a uno, los muchachos acusados por entrar a la embajada metieran su mano, sacaran un papel y le dijeran el número que habían encontrado escrito en él.

Los jóvenes leían sus números, uno el cinco, otro cinco también, uno de ellos, a pesar de la gravedad del momento, saltó de alegría cuando dijo:

—¡Yo tengo tres!

Significaba tres años que debía permanecer en prisión.

—No te emociones, dijo la jueza sicaria, vuelve a meter la mano y coge otro papel.

Cuando el joven sacó de nuevo el papel aparecía un número cinco.

Al día siguiente, amaneció el cuerpo sin vida de este joven. Se había ahorcado, al parecer, agobiado por la idea de tener que pasar cinco años en la prisión mugrienta del régimen.

Mi hermano fue condenado a cinco años de prisión en esta suerte de circo, por el deseo de ser libre. Un sorteo macabro en manos de esa sicaria del régimen dictaba el destino de estos jóvenes.

No ha existido la separación de poderes en Cuba desde hace más de seis décadas. Los jueces, magistrados y fiscales, carecen de poder y solo ejecutan las órdenes que emanan desde las oficinas de los Castro, que hace decir el Partido Comunista. Evidencias sobran para esta afirmación. Raúl Castro, el reemplazo de su hermano Fidel Castro, cuestionado por un periodista extranjero sobre la situación de los presos políticos en la isla, le respondió con la misma altanería que acostumbraba su hermano Fidel:

—Deme la relación de esos presos y le aseguro que esta noche estarán en libertad.

Lo primero, negando la existencia de presos de conciencia en Cuba. Lo segundo, demostrando con sus propias palabras que no existe separación de poderes en la isla, que existe un solo poder y es el poder tiránico de partido único que sirve de verdugo al pueblo de Cuba.

### Mi hermano entre presos comunes

Entre presos comunes y criminales peligrosos transcurrieron los siete años de la condena de mi hermano. Casi pierde la vida cuando fue atacado por cinco presos comunes, inducidos por los esbirros del penal, y lo harían para ganar favores de los guardias. No les quedó más remedio a los esbirros de la prisión que conducirlo al Hospital Militar Naval de La Habana, por la gravedad de las lesiones que le infligieron. Como único familiar cercano nunca fui notificada de este hecho. Coincidentemente asistí a la visita que le correspondía a mi hermano en aquel momento y, sin reflejar ningún tipo de compasión, el esbirro informó que mi hermano no podía recibirme en la visita porque había sido ingresado de urgencia en cuidados intensivos del Hospital Naval.

Después de la salida del hospital, mi hermano sería trasladado a la prisión de Taco-Taco en la provincia de Pinar del Río. Para poder visitarlo en esta prisión, yo debía salir la noche anterior de casa. Una vez que el ómnibus, guagua, guarandinga, lo que encontrara, me acercara lo más posible a la prisión, debía atravesar por un trillo con cañaverales a los lados, con una jaba de veinticinco libras a cuestas, para llegar por fin a la edificación donde estaba mi hermano. Dios protege la inocencia, porque hubiera podido ser víctima de un abusador sexual por aquellos lugares tan apartados y solitarios. Segura estoy de que Dios envió sus ángeles guardianes para cuidarme durante el camino.

¡Qué decir de los encuentros! Como siempre, abrazos no se podían dar físicamente, besos no se podían depositar en las mejillas. Sentados uno frente a otro en una de las visitas semestrales que merecía mi hermano «si se portaba bien», observé que habían brotado vellos negros en sus brazos. Me emocioné. Mi hermano se había hecho hombre en la prisión injusta del castrocomunismo.

También conocí a un jovencito con quien mi hermano había entablado cierta amistad. A ese chico le habían imputado cargo de peligrosidad, o sea, los del régimen lo consideraron un desafecto al gobierno. Aun sin haber cometido ninguna acción en contra del estado, lo enjuiciaron y lo condenaron. En el recuerdo me quedó aquel guajirito, Testigo de Jehová, que me prometió enseñarme a sembrar una mata de tabaco por su campo de Pinar del Río, cuando terminara el calvario de su encierro.

Después de un tiempo de larga estadía en la prisión de Taco-Taco, mi hermano fue trasladado a la prisión del Kilómetro Cinco y Medio, ubicado en la carretera Luis Lazo, Pinar del Río. Al menos, a mí me evitaba atravesar el cañaveral de la prisión anterior, pero significaba de las peores por donde mi hermano tendría que transitar por años.

Llevaba la cuenta con mucho celo del tiempo que le restaría permanecer encerrado. Cuando creía que estaba realizando la última de sus visitas me dirigí al reeducador, esbirro que tenía bajo custodia a mi hermano, y le recordé que esa sería la última visita en la prisión antes de ser liberado. Mi sangre quedó helada cuando me dijo que mi hermano me debía haber informado que había sido llevado nuevamente a los tribunales y se le había abierto otra causa. Fue tan violento el impacto de esa noticia que mi estómago saltó y tuve que tomar asiento, cerrar mis ojos y respirar profundamente. Esta vez fue acusado nuevamente por el delito de hacer propaganda enemiga. En una requisa inesperada en su celda le encontraron debajo de su colchoneta una bandera americana dibujada por él. El tribunal, el juez, los que fueron, pidieron para mi hermano una condena de siete años, pero le decretaron una sanción conjunta y debió permanecer dos años más en prisión.

## MI HERMANO EN LA PRISIÓN GRANDE

En 1987 me tocó a la puerta un joven-viejo, demacrado y cabizbajo. Su piel denotaba la falta de sol. Mi hermano estaba allí, de regreso a casa, y esta vez nos dimos el abrazo que faltó desde el día de su secuestro en 1980 por agentes del G2 cubano.

Mi hermano, entretanto, no lograba encontrar trabajo con su pésimo aval revolucionario Le ofrecieron la posibilidad de trabajar como cazador de cocodrilos en la Ciénaga de Zapata, a lo que me opuse enérgicamente. No soportaba la idea de que a mi hermano lo tragara un cocodrilo o viniera con un brazo o una pierna amputados.

Debo agradecer a un muchacho del pueblo de mi infancia que, como dirigente en su trabajo, hizo posible que mi hermano consiguiera trabajar con él, escondiendo el expediente de contrarrevolucionario que llevaba colgado al cuello.

Los fines de semana mi hermano dedicaba horas de entrenamiento de béisbol en un terreno en las inmediaciones de Miramar. Allí reunía a un montón de chicos fanáticos a ese deporte y practicaban.

Un mediodía la policía fue a tocar a nuestra puerta y se llevó preso a mi hermano nuevamente, pero esta vez para la estación de 5ta y 62 avenida de Miramar. Aquello parecía no tener fin. El jefe de vigilancia del CDR había dicho a la policía que mi hermano se estaba haciendo pasar por instructor de béisbol. Tuvieron a mi hermano retenido en esa estación por unas horas. Por suerte, una amiga que había pasado un tiempo viviendo en casa conocía al jefe de la estación y logró que pasaran por alto el informe del chivato. Es otra de las maneras de acosar a disidentes y opositores, levantar falsos cargos para provocar los encarcelamientos.

Mi madre desde Miami sufría intensamente, le acosaba la idea de haber dejado atrás a sus hijos y estar ella en libertad, adelgazó tanto que se pensó en la posibilidad de que padeciera una enfermedad maligna. A veces compararía su sufrimiento con el que padecería años más tarde el líder opositor del Movimiento Cristiano de Liberación Oswaldo Payá, cuando pusieron en prisión a sus compañeros del Proyecto Varela y a él le dejaron libre. Maniobra del régimen para sembrar la desconfianza entre los miembros de su partido y debilitar su imagen.

### Mi hermano logra ser libre

Finalmente, en 1989 se logró la salida de mi hermano. Verlo partir en un avión con escala en República Dominicana rumbo a Miami, me hizo sentir que el peso de un elefante se me quitaba de mis espaldas y a la vez me sentía extenuada. Fue un tiempo duro, durísimo para muchos. Sufrí en carne propia el dolor de la división de mi familia. Yo quedaba atrás, pero lo que más urgía era la salida de mi hermano.

*Negada la posibilidad de viajar*

Para enero de 1991 me presenté en la Oficina de intereses de Los Estados Unidos de Norte América solicitando una visa de turismo. El funcionario que me entrevistó no perdió su tiempo, le dio un rotundo no a mis intenciones de viajar hacia mi familia. Debo reconocer que me sentí marcadamente deprimida, pero reía cuando me consolaba un amigo que me decía: ¿Cómo darte una visa de turista si en la frente llevas un anuncio lumínico de posible emigrante? Echaba de menos a los míos de manera extraordinaria.

Padecí sueños recurrentes. Soñaba que atravesaba un mar oscuro desde una orilla donde los pinos emitían un sonido espeluznante y las semillas en la arena herían mis pies. Después yo caminaba sobre aguas, como Jesucristo, llegaba a la otra orilla, subía por escaleras endebles hasta tejados de donde no podía bajar. La angustia de no encontrar a mi familia me despertaba en medio de sudores y respiración agitada. Eso se repetía no todas las noches, por supuesto, pero se hacía frecuente y con los mismos detalles.

*Dios comenzaría a obrar milagros en mi vida*

Conocería casi de manera fortuita a un periodista francés acreditado en La Habana por medio de una vecina que trabajaba para él como cocinera. Yo pasaba a buscarla para ir juntas a un gimnasio de la calle 70 en Miramar y también usar los masajes formidables con azúcar prieta que daban unas chinas que tenían su spa al fondo de la casa del periodista. Coincidimos uno de esos días en que llegaba a su residencia aquel hombre de alta estatura, pelo ensortijado color castaño claro y ojos verdes. Yo esperaba a que mi amiga terminara su trabajo sentado en las protuberantes raíces de un hermoso flamboyán apostado en frente de la residencia.

Ese día el periodista francés me invitó a pasar al interior de su casa. Lo haríamos atravesando un ralo jardín protegido por la sombra del frondoso flamboyán de la entrada, que por esos días estaba de verde brillante y florecido con color naranja intenso. Contrariamente al protocolo de las visitas, entramos por la puerta de la cocina que también daría a la fachada frontal, porque allí se encontraba mi amiga la cocinera, afanada por terminar la cena para escapar lo antes posible. Con tono de regaño cariñoso, le preguntaría por qué no me había hecho pasar antes.

—No tengo autorización suya, señor, para invitar a alguien a su casa.

Le contestaría mi amiga.

—Pero por lo que veo ella es una amiga suya muy especial. Le replicó. Tal vez para no quedar como el malo de la película.

Ordenaría seguidamente que me sirviera un café, por cierto, un café excelente que se colaba en esa residencia afrancesada, porque en mi país para los extranjeros siempre habría de lo bueno, lo mejor. Me sentiría algo incómoda ante el hecho que mi amiga sirviera de empleada para mí, ofreciéndome el café con platos y servilletas, pero ya no me quedaba otra opción que aceptar y agradecer.

Intercambiamos ideas, creo que hasta intenté una partida de ajedrez, juego en el que soy casi neófita; pero al menos sabía el movimiento de las piezas que había aprendido en mi grado sexto, precisamente con las enseñanzas de una campeona nacional de ajedrez. Como era de esperar, casi perdería la partida, de no ser porque como al boxeador cuando está a punto del nocaut le tocan una campana para detener el combate, mi amiga la cocinera ya estaba lista para irnos a las chinas del spa y eso me salvaría del ridículo.

Quedaría invitada, por el jefe de mi amiga la cocinera, a una cena de codornices en los días siguientes, con otros amigos suyos franceses que trabajaban en La Habana.

*La cena de las codornices traería mi libertad en sus alas*

En la cena de las codornices, todos hablaban en francés y yo no entendía ni jota de lo que se hablaba. A punto estaría de levantarme de la mesa, con el deseo infinito de escapar. Sentía que los colores me subían al rostro y lo sabía por el calor insoportable en las mejillas y las orejas, al estar relegada en aquella cena donde mi participación sería casi nula. Para remachar el clavo, uno de los comensales me estaba molestando con el pie por debajo de la mesa. En un principio pensé que sería puro accidente; pero no, el choque de su pie haría nuevamente par de contactos más con el mío. Levanté mi vista y le haría un mohín con mi boca, un gesto feo que uso siempre que estoy molesta. Cesaría la violencia de los pisotones y quedé tranquila.

Por suerte controlé mi impulso de abandonar la cena y,

justo cuando los comensales degustaban el queso, otro francés aparecería como la blanca luz de un rayo, por la puerta de entrada de la casa. A él correspondía ocupar la silla que había permanecido vacía y que en ningún momento llegaría a ocupar, porque se mantendría de pie mientras saludaba y era presentado a los comensales. Rondaría apenas la mejor edad de los hombres, de estatura mediana, ojos azules y tez muy pálida, así era físicamente. Su belleza de espíritu la iba mostrando a su paso, con sus acciones refinadas. Un dinamismo impresionante estaría siempre presente en sus palabras y sonaban como campana diáfana de sacristía hablando mi idioma. Se dirigió a los presentes dando vida a aquella aburrida mesa. Les diría, para mi salvación que, si yo no hablaba francés, ellos debían hablar en español. Mi héroe. En el transcurso de la noche iría derrochando gracia. Sería encantador. Desde aquel día, uno de los más importantes de mi vida, JF quedaría atrapado en mi memoria por siempre. Interpretaría, con el decursar del tiempo, que sería el ángel que Dios me envió a la tierra para salvar mi vida de muchos obstáculos.

Pasaron unos meses, y en la fiesta de celebración de un cumpleaños volví a coincidir con mi héroe. Supe que regresaba a su país por esos días y el último día me fui a encontrarlo. Cuando llegué a la casa donde se hospedaba, tuve que esperar largo tiempo para que despidiera a unos cubanos que habían llegado antes que yo. Finalmente pudimos hablar de la visita que haría a mi familia en Miami y dejar sentada mi próxima cita a la Oficina de Intereses

Americanos, donde había pedido la revisión de mi caso para que me aprobaran el visado. Desafortunadamente esta gestión no dio el resultado positivo que se esperaba. Yo al fin me quedaba resignada al largo plazo de tiempo que tomaba la petición familiar para encontrarme por fin con mi familia.

## EL AMOR CON SUS DETALLES

JF me prodigó afecto y sentía siempre su preocupación por mí. No solo harían estos gestos que cada vez me fuera más preciada su existencia. Se trataba de la solidaridad que lo motivaba a trabajar para denunciar al régimen, de analizar la cultura cubana, la manera en que estudiaría sin pausa La Constitución de 1940 y leer a Martí, entre otros estudios sobre mi tierra. Devoto de la virgen de La Caridad del Cobre, la patrona de Cuba, aunque nunca le escucharía profesar religión alguna, siempre llevaría en su cartera de bolsillo una imagen de la virgencita tan amada por los cubanos. No perdería yo la oportunidad de acompañarlo a la Ermita de La Caridad, sede de la virgen en el exilio de Miami, y durante la misa que en ese momento se daría inclinaba su frente hermosa dando paso a la meditación, y su mano discreta se abriría para depositar la ofrenda con espléndida generosidad. Después, con sol y brisa y el olor del mar que se comparte con la isla, en un sencillo banco nos detendríamos por minutos a contemplar el horizonte breve, sosteniendo un diálogo mudo entre nosotros, pero en el que interpretaba que emanaba de él su pasión por Cuba en aquel instante. Eso le daría ante mis ojos la talla de gigante.

No fue hasta pasado algún tiempo que supe que él estaba escribiendo un libro sobre la situación de Cuba.

*Cuba atraía a los que hacen periodismo serio*

En 1989 se había abierto en la isla la Causa No.1 con el resultado de juicio y fusilamiento del General Arnaldo Ochoa, el Coronel Antonio de la Guardia, el Capitán Jorge Martínez y el Mayor Amado Padrón, la cual fue un gran escándalo internacional. El régimen de Cuba se vio envuelto en asuntos de narcotráfico. Esta razón atraería a la prensa que sabe lo que es hacer un periodismo serio. Ahí estaría JF con sus investigaciones, desafiando a un régimen capaz de poner en prisión a quien develara su entramado de corrupción y crímenes, aunque fuese un periodista extranjero.

Fue un tiempo hermoso que pasamos juntos en La Habana a pesar de los temores que me hacían perder el sueño irremediablemente. Me parecía ver aparecer a los agentes de la Seguridad del Estado a cualquier hora del día o de la noche para llevarme presa. Tal fue la tensión que padecí, que varios músculos de mi cuerpo quedaron rígidos por mucho tiempo y la locomoción se me haría difícil.

En 1993 salió a la luz el libro en el que JF avizoraba el apocalipsis del régimen de La Habana a los finales del Siglo XX. Después de la publicación de su libro intentó regresar a la isla, pero desde el mismo aeropuerto de La Habana le cerraron el paso. Fue una noche horrible la de su llegada al aeropuerto. Lo veía tras los cristales de la sala de llegada de vuelos. Lo noté sereno, solo le preguntaba por señas si volveríamos a encontrarnos. Cerca de mí había un extranjero que me parecía haber visto en otra ocasión, tal vez en alguna cena en que acompañaba a JF. Las horas se prolongaron en aquella agonía. El extranjero que había estado cercano a mí desapareció de mi campo visual por un tiempo breve, y apareció para decirme que de todas maneras no los dejarían salir del aeropuerto ni a él, ni tampoco al amigo que lo acompañaba en su viaje y que fue coautor del libro.

—Vamos, ya es hora, te llevaré de regreso.

Todo el trayecto de la Avenida de Rancho Boyeros a mi casa me resultó angustioso, sentía como me iba alejando físicamente de JF y no sabía si volvería a verlo y qué iba a resultar de todo aquello.

Después supe que JF había preparado a ese extranjero que estuvo cerca de mí como una especie de escolta para en caso de que, al salir del aeropuerto yo sola, me detuvieran los agentes de la seguridad del estado. El extranjero era un diplomático de la embajada francesa y le habían permitido un breve contacto con él. Al dejarme en casa me entregó una nota escrita por JF con tinta negra, en una hoja rayada de block color amarillo, como el papel que muchos años después le acompañaría habitualmente a comprar en las tiendas Office Depot en sus visitas a Miami. Las líneas plasmadas intentaban dar sosiego a mi espíritu. Me pedía en ellas la calma imposible, haciéndome saber que me llamaría por teléfono en cuanto arribara a París. El señor diplomático me entregó también un pequeño estuche que pudo pasar, en el que había un anillo de plata 925 que lleva engarzado un granate y en la nota me aclaraba:

—No es una joya, su valor consiste en su antigüedad, vino de Afganistán.

Un aro de valor sentimental incalculable para mí. Me había tenido presente desde muy lejos y aún, en medio de una situación tan tensa, quiso hacerlo llegar a mis dedos. También un libro de Truman Capote, Desayuno en Tiffany's, y me decía que leyendo era la mejor manera de llegar a cualquier lugar y no sentir la soledad.

Conciliar el sueño esa noche no me fue posible, se convirtió en una vigilia de esas que el aguijón del dolor no permite que los ojos cierren. Pasé toda la noche acompañando con mi pensamiento todo su vuelo de regreso.

También supe que, en caso de emergencia, me había dejado allanado el camino para la salida de Cuba hacia Europa y así fue. Saldría de Cuba rumbo a París en abril de 1995.

Meses después, yo volaría a Miami. Acá me esperaban los míos con la ansiedad y el amor de unos largos quince años de separación forzada. ¿Qué podría agregar que describa el encuentro y que no conozcamos los cubanos del cielo dividido?

Mi conexión afectiva continuaría sin pausa con mi JF querido. Aunque nos separaba un océano y el ritmo de nuestras agitadas vidas no se detenía, me visitaba en cuanto sus condiciones de trabajo le permitían. De su mano conocería mejor la ciudad de mi exilio. Si llegaba en un vuelo tardío en la noche, me avisaría lanzando piedrecitas minúsculas a mi ventana. No quería que mi madre despertara apretando el timbre de la puerta, y en esa época aún los celulares no estaban disponibles para mí. Así era su espíritu en extremo delicado.

## LLEGANDO AL EXILIO

En este pedazo de tierra prestada empezaría nuevamente mi vida, con la convicción de que la amaré por siempre, y a la que debo fidelidad y entrega por la acogida que daría a mí y a mi familia. Llegué con el convencimiento de que había que trabajar duro para salir adelante. En un principio empecé a trabajar mitad de tiempo en dos lugares diferentes, o sea, que con los dos completaba cuarenta y a veces hasta cerca de sesenta horas por semana. Una locura, debía correr de uno a otro para no llegar tarde a ninguno de los dos. Por suerte, estaba joven y saludable y pude desempeñarme en ambos sin que mis jefes se quejaran y estableciendo lazos de cariño y amistad sinceras que han perdurado hasta la fecha. Una suerte.

No encontraría a mi padre de pronto. Andaba por Colombia a donde había marchado detrás de una colombiana que, al parecer, le había llenado el vacío que provocaría la separación de mi madre. Como no tenía ningún lugar en el mapa colombiano donde hallarlo, le pedí a JF que intentara localizarlo de alguna manera. JF conocía muy bien el terreno colombiano, buscaba la información necesaria a toda costa para escribir un nuevo libro sobre la vida del capo Pablo Escobar. Esta vez, JF no accedería a mi petición argumentando que resultaría peligrosa la búsqueda porque Colombia estaba en medio de la guerra contra el narcotráfico, y que andar indagando por el paradero de cualquier persona podía suscitar sospechas y causar efecto contrario.

## El reencuentro con mi padre

Pasarían algunos años después de mi llegada a Miami, pero un día, Murphy, un conocido de la familia que vivía en Miami Beach, nos diría que se había encontrado con mi padre y que nos estaba buscando. Quedamos en shock con la noticia, pero todo se quedaba así, en el aire. Nuestro amigo no había tomado nota de su paradero y tampoco le dio referencia sobre nosotros. Reprimimos los deseos de decirle a Murphy cuatro cosas, pero callamos por respeto. Si bien las merecía su torpeza, también tendríamos que agradecer la buena noticia que nos daba, y justificaríamos su despiste pensando que probablemente, en el momento que se cruzó con mi papá, se encontraba bajo los efectos de la resaca que le provocaban los six packs de cervezas que se bebía los fines de semana para atemperar la soledad en que vivía en su cuarto del hotel y la nostalgia que sufría por su barrio de Santa Amalia, en Cuba.

La busqueda de mi papá la comenzamos con las ventanas del carro a medio abrir por lugares donde pernoctan muchos desamparados y así evitar algun incidente desagradable. Le preguntamos a algunos de ellos si habían visto a alguien con las características de mi padre transitando y no hubo ningún indicio positivo.

Finalmente tuvimos la idea de volvernos al punto de partida, o sea, fuimos nuevamente a la habitación del hotel donde vivía Murphy, por si mi papá había vuelto a pasar buscando alguna noticia nueva sobre nosotros. Esperamos a que se despertara del sueño que padecía. Él trabajaba siempre en una panadería en el turno de la noche. Y efectivamente, cuando despertó tenía la información necesaria para encontrar a mi papá. Estaba refugiado en el Camillus House del Downtown. Para confirmar y no perder tiempo, llamaríamos por teléfono al director de la institución. Le hablaríamos sobre nuestro interés en localizar a mi papá y nos confirmó su estadía en ese refugio, solo que se debía esperar a que regresara de la calle, porque las personas que usan ese refugio, los llamados los desamparados, regresaban al final de las tardes a bañarse, comer y dormir. No obstante, estábamos mis hermanos y yo alborozados de alegría con este evento, aunque mi mamá no mucho. A lo mejor sentía algo de resquemor por la actitud de mi padre con relación a ella. Tuvimos alguna conversación no agradable, ella quería evitar que lo llamáramos papá. Le haríamos recordar que lo había escogido para que nos criara y que, gracias a su cariño, él cruzaría las alambradas nuevamente, pero en sentido contrario para ir a buscarnos a la isla.

Al fin, el encuentro. Mi papá andaba de manera que parecía levitar y con la delgadez de siempre, pero ya su pelo era blanco y no tenía la grasa que los hacía brillar como en el pasado. ¡Qué contentos estábamos todos! Decidimos hacer la cena de bienvenida en un restaurante que le haría memoria a su pueblo natal. Fui la primera en subir al auto para desplazarnos hacia el sur, pero mi papá se negaba hacerlo. En su memoria yo permanecía siendo la chica de treinta años atrás, incapaz de conducir con seguridad. Después de un rato conseguimos calmarlo, por fin subió a mi SUV e iríamos a comer pescado frito. La pasamos felices celebrando el encuentro. Mi padre diría estas palabras que nunca voy a olvidar y para mí hacen un canto a la esperanza y al empeño de los cubanos:

"Hemos ganado la pelea al comunismo, estamos vivos y juntos".

## *Juntos en la segunda patria*

Mis hermanos habían estado echando raíces en esta ciudad de Miami. Mi sobrina mayor, la que saldría junto a mi hermana por el Puerto del Mariel en 1980, ya era toda una jovencita acompañada de tres hermanitos más. Mi madre se debatía con sus enfermedades y le costaba trabajo mantenerse en pie por mucho tiempo.

Por mi parte tuve la osadía de emprender mi propio negocio, sin experiencia en esos menesteres y apenas sin recursos que me respaldaran económicamente. Aplicaría para un programa que ayudaba a mujeres hispanas en el mundo de los negocios y, después de un papeleo enorme en los que debía hacer un montón de demostraciones de solvencia económica que yo no tenía, por supuesto, me aprobaron un pequeño préstamo, un loan, para que empezara el mío.

Mi primer negocio sería una especie de boutique donde, por lo general, vendía ropa de mujer, zapatos que me llegaban desde Brasil, carteras, accesorios y el copón divino. Resultaban tan escasos los recursos, que en un primer momento tuve que continuar lidiando con uno de mis trabajos, el que mejor me pagaba. Cuando empezamos, las empleadas de la tienda serían mi hermana y mamá que no me reclamaban salario alguno. Ellas sabían que aún la cuenta no daba para pagar a nadie. A veces tuve que registrar mis bolsillos para dar el cambio a las clientes.

*Sin olvidar mi patria y el encuentro con un héroe*

Precisamente, una mañana que estábamos en el negocio mi mamá y yo, me diría, señalando a la vez con gesto de su boca, apretando labios y empujándolos hacia delante:

—Mira, ese señor que ves parado ahí es Huber Matos.

Él visitaba asiduamente la bakery colindante con mi tienda para comprar el pan. Nos acercamos y nos saludamos. Era el Comandante Huber, de estatura media, muy delgado y con grandes ojos esmeralda que relampagueaban cuando inevitablemente nos referíamos a Cuba. Poseía una pronunciación impecable de su idioma español, pedagogo al fin, con el cual daba fuerza y entonación agradable a sus palabras. Ese breve intercambio me devolvió el anhelo de la patria querida que había dejado atrás. Supe que los sentimientos que mi madre y mi padre me inculcaron se mantenían vivos. Haríamos el Comandante Huber y yo una breve pero cálida amistad. Me visitaba casi cada día en la tienda, antes de llegar a la bakery. Algunas veces me traía calabazas o tomates que cultivaba en la huerta de su casa. Tuve la honrosa oportunidad de hacer varios programas radiales dirigidos a la audiencia de la isla: Hacia una nueva República", del Partido Patria y Libertad que fundaría en el exilio.

La editorial del programa, que se difundió por mucho tiempo por las ondas de la 670 AM "La Poderosa", era escrita y narrada por él. Su voz, clara y enérgica, la dirigía precisamente a los cubanos de la isla y resultaba un rayo de esperanza. Con esas palabras convocaba a la no rendición, a continuar en la lucha contra el comunismo para lograr la democracia y así poder construir la nueva república por la que había luchado desde la Sierra Maestra y traicionado su proyecto por Fidel Castro.

Yo grababa el programa en un CD y lo editaba con la ayuda de mi hermano en su apartamento del South West de Miami. Por momentos resultaba agotador. Debía repetir muchas veces los artículos que queríamos hacer llegar a la audiencia de la isla y no contábamos con un estudio donde los sonidos exteriores se evitaran, sino que debía desarrollar la grabación del programa encerrada en un closet de una habitación. Después llevaría el CD listo a la emisora, casi siempre en un recorrido vertiginoso que lo hiciera llegar a tiempo para la salida del programa antes de la media noche de cada sábado.

No sabría que sería un último encuentro con el Comandante Huber Matos, y fue para grabar la editorial del programa que debía salir al aire esa noche. Una vez terminada la sesión de grabación, le vi alejarse entonando en voz baja la bella y emblemática canción de amor "La Bayamesa".

> No recuerdas gentil bayamesa
> que tú fuiste mi sol refulgente
> y risueño en tu lánguida frente
> blando beso imprimí con amor
> (fragmento).

Murió pocos días después y en su funeral puse rosas blancas a nombre del Partido por la Democracia Pedro Luis Boitel, como justo homenaje a su memoria. Y así, depositando las rosas a los pies del Comandante Huber, le prometí no dejar de pensar y hacer lo que estuviera en mis manos en pos de una Cuba democrática, y me incorporaría al Partido por la Democracia Pedro Luis Boitel en el exilio para seguir apoyando la causa.

# SE REAVIVA LA ESPERANZA DE LIBERTAD

Por aquel entonces, empecé a visitar y colaborar en alguna medida con el programa "La Séptima Provincia", impactada por el fervor patriótico que desborda el incansable luchador Héctor Ruiz Fabián. Hacíamos contacto directo vía teléfono con los activistas de la isla. Transmitimos sus denuncias para desenmascarar al régimen asesino de Cuba y recolectamos ayuda para familiares y presos en las cárceles. No mediaba ningún programa de asistencia del gobierno americano. Hasta algunos viejecitos, auxiliándose de bastones, llegaban desde lejos para depositar alimentos o ayuda monetaria de sus magros cheques de retiro.

Respiré mucho a Cuba por aquellos días. Tuve el privilegio de abrazar cubanos que enfrentaron al régimen cara a cara, como lo fue Agapito "El Guapo Rivera", a Emilio y Graciela Vázquez, una lista interminable de hombres y mujeres íntegros y valientes que consumieron juventud en las cárceles podridas que el tirano destina a sus enemigos políticos.

Por Matanzas, mis hermanos del Boitel continúan de frente al régimen. Su líder indiscutible, Félix Navarro Rodríguez, exprisionero de conciencia de la Primavera Negra, sufre actual prisión desde las recientes protestas en la isla el 11 de julio del 2021, junto a su hija Sayli Navarro y una jovencita, Sissi Abascal Serrano, que siendo prácticamente una niña convocaba a su pueblo Carlos Rojas a justas protestas, y su pueblo la seguía y la sigue. Iván Hernández Carrillo, exprisionero de la Primavera Negra, junto a su valerosa madre Asunción Carrillo, fundadora del Movimiento Damas de Blanco, son acosados por los sicarios del régimen en todo momento. Ellos conocen muy bien de la moral y prestigio que gozan dentro de su comunidad y más allá. Caridad Burunate, mujer valiente y generosa a carta cabal, ponía a disposición su casa y cocinaba almuerzos junto a Francisco Rangel Manzano. Así echaron a andar el hermoso proyecto "Capitán Tondique" que alimentaba a ancianos y niños y que bien hubiese merecido un Nobel, pero la desidia de los intolerantes castristas lo destruyeron.

Con Leticia Ramos Herrería me une un afecto grande y fuerte. Escucharla narrar sus anécdotas de enfrentamiento con el régimen me hacía acelerar los latidos del corazón. Al verla frágil y pequeña, sería incapaz de imaginar su fuerza, e imaginarla aguantar los golpes recibidos a manos de los sicarios del régimen. Siento orgullo de compartir militancia y amistad con estos hermanos y lamento no continuar la larga lista de los que me faltan de ellos.

En este febril marasmo de ayudar a derribar el muro totalitario, pediría apoyo a buenos amigos del exilio para fundar una organización dentro de la isla que bautizaría con el nombre Amigos de La Rosa Blanca, inspirado el nombre del proyecto en los versos sencillos de José Martí, y también rindiendo tributo merecido al patriota cubano Rafael Díaz-Balart, quien fundó la primera organización anticastrista en el exilio que se llamaría La Rosa Blanca.

A propósito del cumpleaños de Leonardo Rodríguez Alonso, promotor del Proyecto Amigos de La Rosa Blanca, en Cuba, con amigos y colabodores.

El proyecto Amigos de La Rosa Blanca consistiría en reunir una vez por semana a niños y ancianos, los más vulnerables de la sociedad cubana, y compartir un almuerzo con ellos, recordándoles que en esta otra orilla no se les olvidaba y que no cesaríamos en el empeño de lograr un país mejor. Muchos cubanos y americanos de origen me ayudarían con sus modestas contribuciones. Útiles escolares, ropa, zapatos, alimentos, llegaron a Ciudad Camagüey, el pastor Yiorvis Bravo Denis llevó a cabo actividades emocionantes con participantes de todo tipo. Con el valor tremendo de identificar la actividad con la pancarta Amigos de La Rosa Blanca, se reproduciría el proyecto en Camajuaní, con el valeroso opositor Leonardo Rodríguez Alonso, quien permanece en la isla sufriendo acoso y persecución, y el matrimonio Niurcy Acosta y Raúl González, hoy exiliados en la República de Chile. El exprisionero político José Lino Asencio sería la representación del Proyecto Amigos de La Rosa Blanca en Santa Clara, fue heroico el papel que desempeñó. Con el resto de los activistas recorrería las calles de la ciudad villaclareña apoyando también la Campaña Todos Marchamos. Gracias al activismo valeroso del pastor Mario Félix Lleonart, lograría aunar a todos estos patriotas que revivieron la rebeldía de los cubanos. Sillas de ruedas, ropa, zapatos, alimentos, pudieron hacer llegar y suplirían muchas necesidades de cubanos marginados en Cuba por la sola razón de pensar diferente.

Grupos de activistas dentro de Cuba que llevaron adelante el Proyecto Humanitario "Amgos de la Rosa Blanca"

Muchos activistas tuvieron la oportunidad de visitar Estados Unidos invitados por las ONG y organizaciones que les impartieron cursos sobre el funcionamiento de la democracia. Gracias a Dios, pude brindar cobija a los compatriotas de mi proyecto que les fue posible llegar hasta el exilio.

De mi padre tendría el apoyo de su presencia en muchas actividades patrióticas del exilio. Comenzaría a notar, al paso de los días, que la trayectoria que realizaría para ingresar nuevamente a Estados Unidos dejaría una huella en su cerebro. Como antaño, volvería a relatarnos sus vivencias, pero esta vez en Colombia y su travesía tormentosa por Panamá, Costa Rica, Nicaragua, Honduras, hasta llegar a la frontera de El Paso Texas. Nos contaría de los peligros de la travesía. Su trayectoria fue muy traumática. El episodio que más lo había marcado fue el encuentro con los asaltantes que lo despojaron de todos los recursos acumulados para el viaje, dando por suerte que quedara con vida. Después de este percance buscaría refugio en una iglesia de Tapachula y su viaje se prolongaría en el tiempo.

Leonardo Rodriguez primero izquierda a derecha, promotor del Proyecto Amigos de la Rosa Blanca junto a Niurcy Acosta, tercera de izquierda a derecha

Grupo de activistas dentro de Cuba que llevaron adelante el Proyecto Humanitario "Amigos de la Rosa Blanca"

## EL ALZHEIMER Y MI PADRE

Una vez en Miami y después del reencuentro con la familia, se quedaría a vivir conmigo. Lo ubicaría en un pequeño departamento prolongación de la casa, para que se sintiera cercano e independiente, esa era mi idea. Comencé a notar con el decursar de los días y meses que a mi papá le estaba fallando la memoria. A veces hacíamos planes para el siguiente día, y al siguiente día nada de lo que habíamos planeado estaría en su plan. En las mañanas, cuando yo despertaba, lo primero que yo hacía era llevarle su cafecito, nuestra costumbre ancestral. Una de esas mañanas, cuando empujaba la puerta de su sala que siempre quedaba abierta, no así la de su habitación, donde yo hacía un toque suave para despertarle, tropecé con algo que hizo un ruido tremendo. El café caliente se me derramó, y de pronto vi a mi papá salir blandiendo un machete, con actitud de estar dispuesto a machetear al supuesto violador de su espacio. Poco faltó para que pusiera en práctica una carga al machete sobre mí, parecida a la de los mambises cubanos contra los colonialistas españoles. Tuve que esforzar mi voz, que es muy pequeña, y gritarle lo más fuerte que pude: ¡Papá, soy yo, suelta ese machete!

¡Gran susto me llevaría esa mañana! Me daría la tarea de esconder cuanto objeto me pareciera que ponía mi vida en peligro. Mi papá estaba afectado por los momentos que tuvo que vivir durante su trayecto para llegar a la frontera.

Otras veces me llamaba la policía a cualquier hora de la noche o del día porque mi papá aparecía desorientado en cualquier lugar. Unas veces lo retenían en estaciones de policía hasta que yo fuera a buscarlo y al llegar me lo encontraba almorzando con un batallón de ellos, como si nada hubiera pasado. Se despedía de los policías como si hubiesen sido amigos de toda la vida. Del Hospital Jackson lo saqué muchas veces. Los del Rescate hacían zafra con él, lo veían caminando por el Hi-Way e inmediatamente sabían que no estaba bien de la cabeza y cargaban con él para el hospital, allá iría yo a buscarlo. Para que no se escapara de la casa le escondía sus zapatos una vez que se dormía, pero eso no sería óbice para su plan de fuga. Se escaparía en pijamas, en plantas de medias sin zapatos, con la suerte de que los buenos samaritanos le proporcionarían snickers, a veces de marcas carísimas a lo largo de su escapada.

En el año 2009 sufrí la pérdida irreparable de mi madre, fue muy duro sobre todo durante el tiempo de su padecimiento, lamentando además que no lograra ver la llegada de la democracia en mi país. JF acomodó su agenda y estuvo presente para abrazar mi dolor días después de sus funerales.

Mi padre a veces se acordaba de que mi mamá había muerto, pero pasado un tiempo me preguntaba nuevamente por ella.

—Mi mamá se murió, le decía yo.

—Así que tu mamá murió, la pobre, ¿y cuándo fue eso?

Una madrugada mi padre escaparía de la casa, a pesar de haberle puesto un acompañante cercano a su habitación. Un chico cubano recién llegado de la isla, con aspiraciones de ser futuro residente de Los Estados Unidos estaría de acuerdo en asumir ciertos riesgos, pero tendría seguro un techo para su estancia en el país. No sé cómo mi papá se las habría agenciado para pasar por encima del canapé del acompañante y escapar sin hacer ruidos. No aparecería en un par de días, ni en hospitales y estaciones de policía. Pero una mañana alguien tocó a mi puerta, se trataba de un hombre vestido de civil que me mostró una capilla. Le invité a pasar y sentarse. Me mostraría la credit card de la cuenta de banco de mi papá y también su pequeño móvil. Me dijo que mi padre estaba muerto, y para que finalmente lo reconociera me preguntó por alguna señal de él en particular. Me referí a su rodilla izquierda la cual tenía muy deformada a causa de la artritis que padecía y de la que nunca se quejó. Efectivamente, era él. Me contaría que algún vehículo lo había impactado y lo arrastraría por un buen trecho, pero no se había podido descubrir al vehículo y chofer causante del impacto. Tampoco existiría evidencias por cámaras de video que mostraran el momento porque no había ninguna activada en el lugar.

Los funerales de mi padre se celebraron con la asistencia de amistades mías y la menor de sus hermanas, Isabel, que ya había llegado a Los Estados Unidos y reside en Tampa, Florida. Recordaría aquella noche la tristeza que me produjo cuando, al localizarla tras muchos esfuerzos, le invitaría al encuentro con mi padre. Para mí resultaría un gesto de agradecimiento de mi parte a mi padre, para que así pudiera verla después de aproximadamente cuarenta años. Sería a mediodía cuando un auto se parqueara frente a casa y de él descendiera una señora de edad avanzada, con cabello blanco y la nariz pronunciada de mi padre. Allí estaba la tía Isabel. Nos abrazamos, también mi prima que la acompañaba y de la que guardaba una imagen nada parecida a la que tenía delante de mí. Llamé a mi padre para que abrazara a su hermana, pero él se mostraba huidizo, extremando respeto y al final diría:

—Usted no es mi hermana Isabel.

Nos quedamos en vilo, abracé a mi tía que quedaría consternada ante aquel abierto rechazo. Mi papá conservaba la imagen de su hermana de cuarenta y tantos años atrás. No reconocía su presente.

Muchas anécdotas de mi niñez vendrían a mi mente aquella noche en que despedía a mi padre hasta la eternidad. Le agradecería el haberme enseñado a montar la bicicleta con la incomodidad de una bicicleta enorme, hecha para hombre, porque no había otra, a descubrir que las ancas de ranas se comen, aunque al final ni él y mi madre juntos me pudieron obligar a comerlas. Le agradecería aprender con él que más allá del mar de la Isabela estaba el futuro que nos habían negado en nuestra propia orilla.

### La nueva despedida

Después de unas semanas, la casa funeraria donde velaríamos los restos de mi padre me entregaría sus cenizas en una pequeña caja de madera. No sé si inconscientemente me mantenía apegada a lo que materialmente quedaba de él, pero a veces estaba muy sensible y sentía un raro efecto al tener cerca lo que quedaba de un muerto. Terminé poniendo la cajita con las cenizas en el garaje de la casa, pero también tenía conciencia que no sería un lugar apropiado porque estaba repleto de trastos y con poca luz.

Empezaría el tiempo difícil en el negocio, aunque ya lo había extendido a dos locales de ventas. Una serie de ciclones que azotaron en aquel entonces y la burbuja inmobiliaria harían un desastre económico de la ciudad. También pasaba que mis clientes y yo entablábamos amistad y eso, lejos de hacer florecer el negocio, lo empobrecía, al hacerles rebajas y descuentos a la mercancía, que al final hacían reducir considerablemente las ganancias. Así que decidí cerrar las tiendas y buscar una compañía que me asegurara un cheque. La casa que había comprado a mi madre tampoco pudo ser sostenida por mi hermano, y me vería en la necesidad de irme a foreclosure y entregarla al banco. Después se desencadenaría una serie de acciones financieras contra mí, la entrega de carros comerciales y la ruina del crédito personal que conlleva ese proceso. En fin, me sentía tan derrotada que comencé a creer que mi padre estaba molesto conmigo por tenerlo encerrado después de haber tenido un espíritu tan libre y por eso las cosas me estaban saliendo mal.

Hablaría con mi hermano para buscar un lugar en la costa donde depositar las cenizas de mi papá. Un domingo que tendríamos libre, salimos con la decisión de hallar un lugar apropiado desde donde lanzarlas al mar. Creíamos que era su sitio predilecto permanecer allí, al compás de las olas, mezclándose con sus aguas salobres. No dudaría nunca que su espíritu había ascendido al cielo, junto a Dios, porque él fue un hombre bueno.

Mi hermano conducía por las vías rumbo al este de Miami, yo llevaba en una bolsa la cajita con las cenizas. Sentía la necesidad de un ritual breve, con la oración precisa y necesaria que merecía mi padre. Recorrimos unas cuantas millas a lo largo de la Bahía Biscayne, buscaba el sitio donde se juntan el azul del mar y el verde de las caletas que crecen a lo largo de la orilla y que invitan al disfrute de la sombra y de la brisa; pero una barandilla metálica, como serpiente, abrazando un largo perímetro de la costa, impedía el estacionamiento del auto. Otras veces la señal de la prohibición de estacionamiento terminaba por impacientarnos. En las inmediaciones del Hospital Mount Sinai, a la entrada de Miami Beach, dije a mi hermano:

—Detente, parquea ahí.

Era el lugar preciso que buscaba. Mi hermano, con mirada recelosa, atisbaba muy alerta por la posible presencia de algún patrullero de la policía en sus recorridos habituales. Al fin estacionó el carro. Bajó deprisa y me conminaba también a hacerlo. Era una prisa que me molestaba, mermaba mi espiritualidad para el evento. Atravesaríamos entre las caletas de la costa. Había montón de arrecifes que pinchaban mis pies y perdía la estabilidad en el andar. Mi hermano, con un movimiento un tanto brusco, me arrancó la cajita con la mano temblorosa. Yo no había previsto portar una cuchilla u otro instrumento que me permitiera abrirla, así que haciendo el esfuerzo de apertura, las cenizas cayeron esparcidas sobre rocas. ¡Qué chasco! Estuve contrariada, al punto del sollozo que ahogué tragando en seco.

—¿Bueno, y ahora qué? Ya está hecho, vamos pronto que va a llegar la policía y va a creer que este polvo blanco es droga y nos va a poner el ticket por estacionamiento prohibido, fueron las palabras de mi hermano.

Sentía mucha frustración, a tal punto, que me vendría a la mente el coronel Pendejón González, mencionado someramente en un relato donde este personaje de ficción fungía como jefe de un grupo de soldados, encargado de velar por las elecciones fraudulentas de su pueblo. Tuve la certeza en aquel momento de que mi hermano debía haber sido reclutado para integrar su grupo.

Después de todos estos momentos tristes que pasé en relación con la desaparición de mi padre, encontraría el tibio abrazo en JF, que llegaría días después, pero que no faltaba en mis momentos más sentidos.

Pasaría el tiempo, como siempre y JF me insistiría en que escribiera mis vivencias, sobre todo, tomando a mi padre como referencia. Le respondería en ese momento que yo no tenía el talento necesario para escribir, además de no tener un final feliz para contar después de tantas vicisitudes pasadas, que refrescara la mente de los posibles lectores.

## LA VIDA CONTINUA CON UN NUEVO INCENTIVO

Seguiría mi vida, entre las ocupaciones para sobrevivir de manera honrada en la ciudad que adopté, con la cercanía de mis hermanos, las intermitentes visitas de JF y la orfandad que provocó la ausencia de mis padres. Pero como siempre, Dios va despejando los caminos pedregosos de sus hijos favoritos, de los cuales me siento formar parte. ÉL hizo que apareciera "como salido del cielo" un bebé, literalmente cómo calificaría este hecho JF. Su mamá enferma, lo había dejado en el hospital para que otros asumieran el complemento de su vida. Fue una acción intrépida y feliz la que yo asumiría sin pensarlo mucho. No había enfrentado antes la gran y hermosa tarea de criar un niño y eso me suponía muchas interrogantes. Contaría para continuar la obra con el apoyo de muchos, sobre todo de mi hermana y JF, que me haría todo el papeleo interminable con su impecable inglés y un apoyo económico considerable.

Todo sería una fiesta para mi vida, mi familia y JF, quien estuvo todo el tiempo emocionado con la obra maravillosa de adopción. John, como sería nombrado mi hijo, crece con la bendición de Dios, que le proporciona la ayuda material necesaria, el cariño de todos y me da fuerzas para trabajar y amarlo.

## JF PARTIÓ

A JF un día mi Dios amado lo llamaría a su presencia. He sufrido su pérdida de manera profunda. ¿Cómo no iba a serlo? Pero queda John en continuidad, que me anima a seguir amando la vida para verle crecer. Él verá la Cuba democrática que tanto sacrificio y desvelo ha costado y pensará en nosotros. Tal vez tenga también que partir yo y no ver la obra concluida. Si así fuera, me marcharía con el reproche al mundo de los buenos, que han vuelto su rostro a la desgracia de los cubanos y me hace sentir en estos tiempos como se debió sentir Anne Frank cuando su Netherlands fue ocupado por las tropas hitlerianas. Por suerte su sufrimiento duraría un tiempo menos largo que el que sufre mi patria.

Jean-FrançoisFogel

Made in the USA
Columbia, SC
28 July 2024